女人情商高就是会说话

会说话的女人最强大

刘馨微 编著

成都地图出版社

图书在版编目（CIP）数据

女人情商高，就是会说话:会说话的女人最强大 /
刘馨微编著. -- 成都：成都地图出版社，2018.10
ISBN 978 - 7 - 5557 - 1034 - 9

Ⅰ. ①女… Ⅱ. ①刘… Ⅲ. ①女性 - 语言艺术 - 通俗
读物 Ⅳ. ①H019 - 49

中国版本图书馆 CIP 数据核字（2018）第 237951 号

女人情商高，就是会说话:会说话的女人最强大
NÜREN QINGSHANGGAO JIUSHI HUISHUOHUA HUISHUOHUA DE NÜREN ZUIQIANGDA

编　　著：刘馨微
责任编辑：王　颖
封面设计：松　雪
出版发行：成都地图出版社
地　　址：成都市龙泉驿区建设路 2 号
邮政编码：610100
电　　话：028 - 84884827　　028 - 84884826（营销部）
传　　真：028 - 84884820
印　　刷：天津兴湘印务有限公司
开　　本：880mm × 1270mm　1/32
印　　张：8
字　　数：180 千字
版　　次：2018 年 10 月第 1 版
印　　次：2018 年 10 月第 1 次印刷
定　　价：29.80 元
书　　号：ISBN 978 - 7 - 5557 - 1034 - 9

前　言

　　情商（EQ）一词是由美国耶鲁大学心理学家彼得·萨洛维和新罕布什尔大学的约翰·梅耶于 1990 年首创的。 在他们之前，1983 年美国哈佛大学的心理学家霍华德·加德纳在《精神状态》一书中提出，人有"多元智慧"，开启了情商学说的新知。 把情商推向高潮的仍然是美国人，1995 年，《纽约时报》专栏作家丹尼尔·戈尔曼教授推出《情商》一书，一下子使"EQ"一词风行世界。

　　情商又称情绪力，是与智力、智商相对的概念。 它主要是指人在情绪、情感、意志、耐受挫折等方面的品质。 科学家认为，我们每个人都有两个大脑——感性的大脑和理性的大脑，两种智力——智商和情商。 在我们思考、制定决策、采取行动时，智商和情商在同时发挥作用，二者缺一不可。

　　研究表明，情绪是人类做出某种反应的深层驱动力。 积极的情绪能引导我们乐观地对生活进行探索和思考，而消极的情绪则会起到阻碍作用。 换言之，高情商的人更容易充满自信，热情洋溢地面对工作和生活，胜不骄、败不馁，从而更容易取得成功。

　　这是一本关于生活智慧的书，有知识、有趣味，更有实用性。 情商高不是简单的心态好、脾气好、长袖善舞、八面玲珑等等。 实际上，情商是一门综合学问，它涵盖了情绪、意志、耐受挫折等多方面的品质，而一个人的语言说话，正是她内心的一种表达，人们通过语言交流、沟通，最终达成共识。 情商高的女人会说话，会说话的女人最优雅。 无须背景、无须财富、无须名声、无须地位，多学习多练，做一个温文尔雅、掌控情绪、宠辱不惊的高情商女人，让生活自在从容！

女人情商高，就是会说话！

2018 年 10 月

目　录

1

第三章　高情商女人的说话特征

第四章　高情商女人能管理好自己的情绪

第一章

高情商是人际交往成功的秘诀

谦辞敬语不可少

在我们心目中，应酬、寒暄、客套是虚假的表现，所以就大加排斥。殊不知，要想在当今社会有一定机会，不讲客套、寒暄是行不通的，若把以前的老规矩搬出来用，已显得有些过时。何况寒暄、客套不是虚伪，这是每个人都应具备的礼貌，也是人人都应该养成的习惯。

事实上，与人相处客套会使对方产生被敬重的满足感。以下为一些可供参考的习惯用语：

1. 谦称自己

封建社会中时常用"鄙人""小人""奴婢""臣""在下""妾身"等自称以示自谦，现在不用了，可依旧有称"小侄""小弟""学生""手下""门下""弟子"的。说话时碰到与自己关系亲密的人，也有人习惯谦称。比如，称父亲为"家父""家严""家君"，称母亲为"家母""家慈"，称兄、姐为"家兄""家姐"，称弟、妹为"舍弟""舍妹"，称侄儿为"舍侄"，称妻子为"内人""内子""内助"，称丈夫为"外子""我先生"，称儿子为"犬子"，称女儿为"小女"，称朋友为"敝友"等。

2. 尊称对方

除了称对方"您"之外，还可以称对方为"先生""老先生""伯父""伯母""叔叔""阿姨""大哥""大姐""兄弟"等。对晚辈，也能够称"贤侄""贤婿"等。在交谈中，碰到与对方关系密切的人，一样用习惯的尊称，比如，称别人的父亲为"令尊"，称别人的母亲为"令堂"，称别人的女婿为"令婿"，称别人父子俩为"贤娇梓"，称别人兄弟俩为"贤昆仲"，称别人的学生为"高足""贤门生"等。

3. 使用敬辞

除了时常使用的"请""谢谢"以外，在交谈中，还有很多的谦称、敬语可供选用。比如：求人释疑说"请问"，请人指导说"赐教"，问人姓什么说"贵姓"，问人年龄说"贵庚"，求人办事说"拜托"，对别人的观点、见解表示认可说"高见"，欢迎别人做客说"恭候光临""恭候大驾"，自己的举动牵涉到对方时就可说"奉陪""奉送""奉告""奉劝"，请人给自己的作品提建议说"雅正""斧正"等。

4. 使用客气话

客气话有很多，不胜枚举，平常用的除"对不起""请原谅""请多关照"以外，在感谢对方帮忙做事时要说"麻烦了""难为您了""让您费心了""对不住，让您破费了"，在请人给予帮助时说"借光"，在请求别人原谅时说"包涵"，在因故不能陪伴别人时说"失陪"，在意识到自己礼貌不周时说"失敬"，离别时劝说主人不要再送行说"留步"，表示对初会者敬仰已久说"久仰"，与朋友长久不见说"久违"等。

希望人们在与人相处时能正确地对待交际中的客套，适当地使用客套，相信这会使你收获颇丰。

与人相处，不但要形成说客套话的好习惯，还要乐于听对方的弦外之音，领会它传达的言外之意，这是最奥妙的人际关系术语。善于世故之人大都擅长话里有话，一语双关，精明的人不必多言多语，就会让你心里明白。不管说话之人是不是佯装暗藏玄机，听话者一定得搞明白他的真实目的，方能应对恰当。

因为社会在不停地变化，与人相处的方式方法也在发生着巨大的变化。此时，以前那些与人交往的习惯已经落伍，取而代之的是新习惯、新方法。为了能赶上时代的脚步，人们必须弃旧立新，养成说客套话的好习惯。

笑脸迎人，真情付出

人是感情动物，笑是人类的本能，真诚的微笑可以拉近人与人之间的距离，也可以影响他人的心情。当你走在大街上，对面一个陌生人向你微笑时你的心情是什么？是否体会到有一种无形的力量在拉着你跟他接近？换一个立场讲，假如你看到的不是面带微笑的人，而是一张阴沉的脸，你的心情又会怎样呢？恐怕本来高涨的情绪也会随之低落下来。这时，你是选择与他接近还是疏远呢？大概很多人都会选择后者。

确实，微笑就是有这么大的魅力，它不仅能够影响自己，也能感染他人，还可以排除人与人之间的隔阂、误会。

当你跟朋友吵闹过后，忽然有一天再碰面时，你给她送去真诚的一笑，之前的烦恼自然会烟消云散。对方再还你一个和善的笑容，双方肯定可以和好如初。假如双方见面时，你摆着一副"苦瓜脸"，矛盾不仅不能消除，反而还有激化的可能。对方也可能会觉得你心胸狭窄、不懂礼貌。

古话说：微笑是两个人之间最短的距离。生活中离不开微笑，一个没有笑声的世界无异于人间地狱。

幸福来自笑容，健康来自笑容。由此可知，微笑成了生活中不可缺少的一部分，人们一定要养成微笑的好习惯，这样才能为生活增加色彩。

评价一个人是否懂礼貌、有修养，不但反映在穿着打扮、言谈举止中，还应将微笑当作考察的条件之一。

与人接触时，试着加点微笑，那是联络双方感情最有力的工具，只要你笑得真诚，就能叩开他人的心扉，体会到真情与美丽。

1. 微笑使你在交际中游刃有余

在与人交往中，微笑是最完美的礼仪。它不但能够使人变得美丽动人、可亲可敬，还相当于投资一个高利润、无风险的项目。因为没有人会回绝别人的微笑，也并不是每个人都能养成微笑的好习惯，真正做到时常以亲切的笑容对待他人的人并不多。

微笑可以拉近双方的心理距离，缓解气氛、增进感情、有利于交流。

无论在商务交流中，还是职场交往中，微笑已经变身为代表和平、友善、关心、问候的信号。有了微笑，一面之缘的陌生人可能变成无话不谈的知己；有了微笑，相互憎恶的仇人可能变成至交；有了微笑，感叹世态炎凉的人可能会体会到爱的温暖。

微笑是最好的仪态礼仪，是人们需要培养的好习惯，也是送给别人最好的见面礼。它以真诚、仁慈、信任、礼貌、友善、亲切等为内涵，为人们的接触搭设桥梁。

2. 微笑的礼仪要求

微笑是生活中不可缺少的面部表情，是礼貌待人的具体体现。微笑能够使人心情舒畅，精神焕发。

我们已经知道微笑的作用这么巨大，这就要求人们在培养微笑这一好习惯时要把握一些方式方法，因为，只有礼节性的微笑才是生活中必需的微笑。

真诚的、发自内心的微笑，才是美丽、自信、善良等的体现，人们才愿意接受，才能相信你。而牵强、虚假的微笑不仅不能表现出微笑的美，反而让人厌恶，对你产生看法，失去信赖，进而影响个人整体形象，对好习惯的养成没有一点益处。

那么，制约养成微笑好习惯的反面因素有哪些呢？以下几点可供参考：

（1）假笑

所谓假笑，即皮笑肉不笑，这种笑不仅不能产生好的作用，相反会影响个人形象，让别人觉得你是个伪君子。因此，在微笑时千万不要让皮笑肉不笑的情况发生。

（2）冷笑

所谓冷笑，即面带愤怒、嘲讽的笑，这种笑表现出的是轻狂、自大，自然失去了微笑的作用。

（3）怪笑

所谓怪笑，顾名思义就是阴阳怪气的笑，这种笑充满恐吓、嘲讽的意味，令人心里不舒服，继而产生厌恶。

（4）媚笑

所谓媚笑，即阿谀奉承、溜须拍马式，具有一定意图的笑，这种笑让人鸡皮疙瘩顿起，警惕心大增。

（5）窃笑

所谓窃笑，即背地里偷笑，这种笑包含着幸灾乐祸、洋洋自得的嫌疑。

微笑是善意的象征，是最好的仪态礼仪，是人们需要养成的一种习惯，它代表着友善、礼貌。

"见面三分笑"，萍水相逢的陌生人也能成为知己。微笑可缩短双方距离，传递彼此的盛情美意。古话说"相视一笑泯恩仇"，可见微笑的重要作用。

经常反省自己

著名作家李奥·巴斯卡力，写了很多有关爱与人际关系方面的著作，对很多人的生活起到了指导性作用。据说，他之所以有这样伟大的成就，完全受益于小时候父亲对他的教育。每当晚饭过后，他的父亲就会问他："李奥，你今天学了点什么东西？"这时，李奥就会把在学校学到的东西完完全全地跟父亲汇报。假如确实没什么好说的，他就会跑进书房拿出《百科全书》学一点东西，然后再向父亲汇报所学到的知识，得到父亲的称赞后才上床睡觉。这个习惯保持了很久，每天晚上他都会用 10 年前父亲问他的那句话来问自己，假如当天没学到什么东西，他就一定不会上床睡觉。这个习惯时时刻刻激励他不停地吸取新的知识，产生新的想法，促使他不断进步。

还有一位作家，他在自己的书房里挂着一张醒目的条幅："在飞逝的今天，你为生活留下了什么？"而且问号写得尤其大。他说："这张条幅像挂在我脊梁上的一条鞭子，问号像一把锋锐的剑，直刺我的心灵。"他觉得，善待每一天是优秀人生的真实写照。每一天都是人生画卷的一笔，人们务必认真地画好每一笔。人生就像一卷长长的胶片，每一格胶片记录着每天的生活态势。而反省，就是反过来思考自己，检讨自己的言行举止，看一看有没有要改进的地方。

反省是自我意识水平前进的动力，反省是对自我言行进行客观的评估，认识自我存在的问题，修正偏离的航线。

为什么要时常反省？人无完人，总会有个性上的不足、智慧上的缺陷。年轻人因为缺乏社会历练，经常会说错话、做错事、得罪人。反省的意图在于建立一种认识自我的内在反馈机制，通过这种机制，人们能够及时知晓自己的缺点，及时更正不当的人生心态。良好的反省机制是自我心灵中的一种"自动清洁系统"或"自动纠正系统"。反省是历练自我品质的最好磨石，它能使人的想象力更敏锐，使人彻底认识自我。

孟子曰：一日三省吾身。这是圣贤修身养性的品质，凡人不易做到，但应时刻提醒自己。观察自己的言行不是很难办到的事，一个人有了不当的观点，或做了见不得人的事，可以欺骗任何人，但绝对瞒不了自己。 人之所以会做对不起别人的事，不只是外面世界的诱惑太大，更多的是因为自己的欲念太强，理智屈就于本能冲动。 一个时常做自我反思的人，不但能增强自己的理智，而且知道什么是该做的，什么是不该做的。

如今，很多行业都很看重培养员工反省自己的习惯，以此来加强行业的凝聚力和工作效率。 西方一家企业在一天工作结束时，都会抽出 10 分钟的时间，让员工集合起来一起做一次"晚祷"，由老板带领员工朗诵下面几句话：

——我今天的工作，是否有偷懒？
——我今天的工作是否有什么缺点？
——我对今天的工作是否尽力了？
——我今天是否说过不恰当的话？
——我今天是否做过伤害别人的事？

这种方式对于个人来讲是呆板了些，但其精神可作借鉴。对个人来说，方式可以灵活机动，只要是反省自己，时刻都可以进行。 制订自我反省机制是为了反省自我缺陷，以达到提升自我、健全自我和改善自我的目的。 我们要从以下几方面认真反省、对待反省：

首先，正视人性的缺点，认识反省自我的重要性。 毫无疑问，人的通病都是"长于责人，拙于责己"或"以自我为中心"。 反省原本的条件是"反求诸己"，而不是找他人的错误。 反省是一面心镜，运用它可以观察自己的心垢。 人虽然可以用眼睛尽情地看外面的世界，可是却无法看清自己，反省机制的制订将改变这一局限。 反省难就难在个人的意愿上，主要看你愿不愿意去审查自身的不足，有没有勇气去洗刷它。

其次，反省是认清自我、发展自我、完善自我和实现自我价值的最佳策略。 成功学专家罗宾的观点：我们可以试着在每天结束时好好问问自己以下几个问题：今天我究竟学到些什么？ 我有什么样的改进？ 我是否对所做的一切感到心满意足？ 假如你每天都能改进自己的能力而且过得很快乐，就一定能够取得意想不到的收获。 坦诚地面对这些问题就是反省，其目的就是要不断地冲破自我局限，省察自己，开创成功的一生。 反省的内容就是不时扪心自问，检查自己的言行举止是否正确。 每天进行"心灵盘点"，有利于及时了解自己近期的得与失，思考今后改进的方法。

最后，反省的立足点取决于自己所省悟的缺点。 这不但是不断提高自身素质的手段，而且是融洽人际关系的法宝，就像"念自己有几分不是，则内心心平气和""肯说自己一个缺点，则人之气亦平""自知其短，乃进德之基""先问自己付出多少，再问别人给了你多少"等，都是有效的反省方法。 假如我们能时刻这样去反省自己，就能心平气和地待人处世，就能广结善缘，努力进取，开创灿烂的人生。

反省的方式可以多种多样，有人记日记，有人则静坐冥想，只在脑海里把以前的事拿出来检查一遍。 不管什么方法，只要能时时关注自身发展，就能正确地认清自己。 如"我是谁？""我能做些什么？""我做得好不好？""我要到哪里去？"等等。

在人生旅途跋涉，人们一定得点燃一盏心灯，"一日三省吾身"，只有这样，我们的人生之路才能越走越宽。

养成为别人着想的好习惯

俗话说："人之初，性本善。"它告诫人们，人生来是善良的。 可是随着社会的进步，经济的发展，自私自利时刻击打着人们善良的本性，为成功设置障碍。 这就要求人们必须知道克己自律，消除不良因素，养成先替别人着想的好习惯，这样才有助于取得成功。

自私自利、损人不利己，不但不能取得好人缘，就连办事也会慢他人半拍，甚至出现僵局。 不管在什么场合，都要时刻避免自私自利的念头，凡事多为别人着想，这才是取得成功的基本保障，也是中华民族的传统美德，更是每个人必须养成的好习惯之一。

安东尼·罗宾提起李嘉诚时说过："他有很多富含哲理性的话，我都十分喜欢。"有一次，有人问李泽楷："你父亲是否教了你很多赚钱的策略呢？"李泽楷说："父亲没有教我挣钱的方法，只告诉了我做人应知道的处世之道。"李嘉诚这样跟李泽楷说："与别人合作时，不要只想自己的利益，而要依据先为别人着想的原则办事。"

换句话说：要让别人有利可图。 因此，每个人都明白，和李嘉诚合作不会吃亏而且有利可图，所以很多人都乐意与他合作。 从表面上看，李嘉诚仿佛有些吃亏，可事实上他赚到的更多。 不妨想想看，尽管他在一个合作者身上赚到的利益相对比较少，可是把 10 个、100 个、1000 个乃至上万个合作者身上赚到的利益集中起来，那必将是一笔相当可观的财富。 可以看出，先为别人着想确实对经商有很大的帮助。 当然，并不是说为别人着想这一原则只能在商界有效，它在其他领域中也一样适用。

安东尼·罗宾本着李嘉诚替别人着想的办事原则，每当与人合作时，一定使用这种思维方式，长期以来就养成了先为他人着想的好习惯，所以，他的合作伙伴慢慢多了起来。

罗宾觉得，天下没有卖不掉的产品，只有不会卖的人。 如果今天所有的事情都只是利益的原因，或只要产品好就能卖出去的话，那天下就不再需要营销人员了。

在任何产品的营销中，人是最关键的因素。

迈克是一家信封公司的老板。有一次，他去拜见一个顾客，那个经理一看他就说："迈克先生，你不要来了。我知道你很有名气、很有成就，也很有钱，但我们公司绝对不会给你下信封订单的，因为我们老板和另一位信封老板有 25 年的交情，早在 25 年前，我们就和他开始合作。你也不用再来见我，因为有 43 家信封公司的老板拜访我三年都没有达到目的。因此，迈克先生我建议你不要白费时间。"

可迈克没有退却，他有的是办法，而最独特的方法就是一直先为别人的利益着想。有一次，他发现这家公司采购经理的儿子很喜欢打冰上曲棍球，而且这个孩子最迷恋的偶像是洛杉矶一个退休的全世界较有名的球星。

后来，他知道这个孩子因车祸进了医院，这时，迈克认为机会来了。他买了一根曲棍球杆并请求那位球星签名后，十分高兴地来到了医院。当他到达医院后，孩子的父亲还没有到，那位采购经理的儿子问他是谁，他说："我叫迈克，来给你送礼物来了。"孩子对他的礼物十分感兴趣，又问："是什么样的礼物？"他说："我知道你热爱曲棍球，这位是你的偶像，这是一根有他亲笔签名的曲棍球杆。"让他惊讶的是，小孩高兴得不顾脚疼，硬要下床。这时，迈克说他的工作完成了。

后来，孩子的父亲来到医院时，看到儿子整个人都变了，原本低落的情绪现在荡然无存。他问儿子怎么回事，儿子将整个事情的全部过程说了一遍。

结果可想而知，这个采购经理和迈克签下了 400 万美金的订单。

人都是有感情的，每个人都明白"投桃报李"的道理。因此，在做人、做事的过程中，一定要掌握好自己，不要让自私自利的想法蒙住了双眼，而要把先为别人着想的想法摆在首要位置。做任何事都要以此为标准，并把它当做一种习惯，用来完善自己为人处世的方法。

知错就改是美德

在日常生活中，人们随时都有可能犯下各种各样的错，这就需要培养知错就改的好习惯。

父母从小要对孩子们灌输诚实、敢于认错、知错就改的思想，其目的就是要帮孩子养成好习惯，因为这对孩子的健康成长有很大的影响。然而，依旧有很多人忽视这个好习惯的重要作用。

如今，我们时常能够听到"我不会做""我犯错是因为……""事实上我也不想……""那不是我的错"等语句，这些都是在为自己的过失找托词，都是借口，是不被提倡的。面对自己的过错说一声"对不起"之类的话，并不会让你颜面尽失，也不会让他人心生厌恶。相反，别人会觉得你是一个敢作敢当的"好汉"，这对树立威信、聚集人气、取得成功有百利而无一害。有些人完全不能体会到知错就改这一好习惯的好处，一旦犯下错误，就为自己的过失找借口，甚至是掩饰自己的过失，害怕失信于人，生怕在小辈面前失去威严。殊不知，这是面子在作祟，假如只为了维护所谓的面子而纵容错误的蔓延，只能落得失言、丢人的下场。

事实上，错了就是错了，大错误是错，小错误也是错，就算一点点错也还是错。只要知错就改，依旧是人们所喜爱的人，依旧可以得到他人的赏识与赞许。

杰克住在纽约市中心旁边，在他家附近，有一片森林。春天的时候，黑草莓丛野花盛开，松鼠在林间筑巢育子，草长得高过了马头。这块还没被破坏的林地，叫作森林公园——它确实是一片森林，或者跟哥伦布发现美洲那天下午所看到的并没有什么区别。杰克常常带着雷斯到公园去散步，雷斯是一只和善不伤人的小猎狗。

由于在这片森林公园里很少能碰到人，因此，杰克时常不给雷斯套狗链或戴口罩。

有一天，他们在公园里碰见一位骑马的警察，他仿佛迫不及待地要表现出自己的权威。

他呵斥杰克："为何让你的狗跑来跑去，却不给它套上链子或口罩，莫非你不知道这是违法的吗？"

"是的，我知道，"杰克温柔地回答，"不过我想它不至于在这里咬人。"

"法律是不管你怎么看的。它或许在这里咬死松鼠或咬伤小孩。这次我不追究，但假如下次再让我见到这只狗没戴口罩出现在公园里，那你就马上去跟法官解释。"

杰克礼貌地答应照做。

经过了这次遭遇，杰克果然给雷斯戴上了口罩。可是，麻烦又来了，雷斯很厌恶戴口罩。所以，杰克想试试运气。开始很顺利，但是好景不长，不久他同雷斯就撞上了暗礁。

一天下午，雷斯和杰克在一座小山坡上赛跑，那位骑马的警官又一次出现在他们的视野里。见此，雷斯迅速地朝那个警察冲去。

杰克明白这下完了，因此不等警察开口他就说："警察先生，这次你当场抓到我了，我有罪，我没有理由、没有借口了。你上星期已告诫过我，带狗出来时，应该给狗戴链子或口罩，否则就要接受惩罚。"

"是啊！我已告诫过你，为什么还要这样呢？不过你知错了，这很好，"警察的回答变得轻柔了，"我知道，在没有人的时候，谁都忍不住想带自己的爱犬出来遛遛。"

杰克回答说："确实是忍不住，可这是违法的。"

"这样一条小狗应该不会咬伤人吧。"警察说。

"不，它可能会咬死松鼠。"杰克接着说。

"哦，你把事情看得太严重了，"他告诫杰克，"你看这样办吧，只要你汲取教训，保证今后不再这样，事情就算了。"

由杰克的经历中，我们可以发现知错就改的好处。假如杰克有意为自己辩解的话，那么结果可能是另一番景象。

假如知道自己错了，免不了会受指责，那么自己何不先认错呢？自己指责自己不是比被别人批评好得多吗？假如人们对自己的行为作了指责和批评，别人十之八九会宽容、饶恕你的错误。

傻瓜才会为自己的过失辩护，而聪明人则能主动接受自己的错误，因为这样才会得到别人的原谅，能给人以谦恭有礼的感觉。

就像卡耐基所说："假如能抬起头面对自己的错误，那么错误也能帮助你。因为，承认一个错误，不但能增加四周人对你的敬重，而且将增加自己的自信。"因此，人们应该不断地告诫自己不要为自己的错误找理由，而应养成知错就改的好习惯。

不为琐事操心，不做不该做的事

在生活中，存在很多零星琐事，对于这些事人们可以不去理会，而把主要精力放在该做的事情上。可是，常常有些人不能正确对待这个问题，往往因为一些应该丢开和忘记的小事而烦心，这是不成熟的体现。

"世上本无事，庸人自扰之。"一些人往往被困在莫名其妙的烦忧之中，它一旦出现，人生的快乐便不翼而飞，生活中似乎再没有晴朗的天空，真是吃饭不香，喝酒没滋味，干工作没劲，干事业没心情，玩没意思。这一切，只因为他们陷入了多余的小事之中。

狄士雷里说过："生命太短促了，不能再只顾小事。"

在《本周》杂志里安德烈·摩瑞斯说："我的一些痛苦经历告诉人们，我们往往被一些应该提过就忘了的小事弄得心烦意乱……人活在这个世上只有短暂几十年，而我们白费了很多不可能再补回来的光阴，去愁一些在一年之内就会被人忘记的琐事。不要这样，让我们把时间用在值得做的事情和感觉上，去运用伟大的思维，去经历真正的情感，去做马上要做的事情。因为生命苦短，不该再理会那些小事。"

即使吉布林这么有名的人，有时候也会忘了"生命是这样的短暂，不能再关注小事"。其结果呢？他和他的舅爷打了一场轰动一时的官司。

故事是这样的：吉布林在维尔蒙娶了当地女孩子凯洛琳·巴里斯特为妻，在维尔蒙的布拉陀布罗建造了一间很漂亮的房子，在那里安定下来，准备度过他的下半生。他的舅爷比提·巴里斯特成了吉布林最要好的朋友，他们两个在一起上班，一起玩乐。

随后，吉布林从舅爷手里买来了一块地，并事先商议好舅爷每一季都可以在那块地上割草。

有一天，舅爷看到吉布林在那片草地上开辟了一个花园，他十分生气，勃然大怒。

几天之后，在吉布林骑着脚踏车出去游玩时，舅爷忽然驾着马车从路的另一边转了过来，逼得吉布林从车子上跌了下来。

可吉布林这个以前写过"众人皆醉，我独醒"的人却也发了昏，竟告到法官那里去，让人把舅爷抓了起来。

接着就是一场十分热闹的官司，大城市里的记者都来到这个小镇，新闻传遍了全世界。事情不能得到解决，这次吵闹让吉布林和他的妻子永远离开了美国，这一切的担心和争吵，只不过为了一件不起眼的事：一车子干草。

平锐克里斯也曾说过："来吧，各位！ 人们在小事情上耽误得太久了。"一点也不错，确实是这样。

在科罗拉多州长山的一个山坡上，躺着一棵死去的大树。自然学家告诉我们，它有四百多年的历史。刚发芽的时候，哥伦布才在美洲登陆；第一批移民到美国的时候，它才长了一生的一半时间。

在它漫长的岁月里，曾经被闪电击中过 14 次，数不胜数的狂风暴雨袭击过它，它都能战胜它们，但最后，却栽在一小队甲虫手里。

那群甲虫从根部往里咬，慢慢伤了它的元气。尽管它们很小，但持续不断的攻击居然使这样一个森林巨人倒下了。

每个人就像森林中那棵历经百战的大树，经历过生命中不胜枚举的狂风暴雨和闪电的袭击，都撑过来了。可是却因一些本不该做的小事，而断送了前途。认真想想，这么做值得吗？

人们一旦形成了专注小事的坏习惯，人生旅途就会变得险象环生。人们应该清楚地理解这一点，并努力控制自己不去做不该做的事。

不要让自己因为一些应该抛开和忘记的小事而烦心，这是一件没有实际意义的事。

要肯于主动向别人表示友好

社会是"人"的社会！"人"所有的活动、交易、成就，都是从人与人的接触中产生的。别人供给你所需要的，也肯定你的贡献，你的价值也建立在人们的回应上。

所以，你结识的人越多、公共关系越好，就越容易成功！

有一位李先生，他要钱没钱、要势没势，论才能也一无所长，但他却是最受欢迎的人物之一。 有钱的人帮他出钱、有势的人为他出力、有才的人向他献计，使他获得了很大的成就。

这是为什么呢？ 因为李先生与这三种人都有交情，他把有钱却急需政治后盾的人，介绍给有势却无财力的支援者，又将怀才不遇的人推荐给他们，于是大家都能够共赢。

而谁是力量的中心？

当然是无钱、无势又无才的李先生！ 不过话说回来，与众人结交的能力，又何尝不是一种杰出的才能呢？

人与人相识，除了靠缘分，更多的是靠创造机缘。 能够以创造的方式，尽量多结一分缘的人，才是真正的聪明人，才是最容易成功的人。

正是因为李先生不守株待兔，而是抓住了每个小小的机会，把它发挥成大的巧合，这才建立起了稳固的人际关系。

在生活中，李先生十分重视机缘的创造。 比如，他刚搬到新泽西州之时，一天傍晚，他看见邻居家的女主人走了出来，便隔着十几英尺的树丛望向对方，然后很自然地找到恰当的时机，抬起头，露出笑容，说一声"你好"！ 然后，李先生便弯身穿过树丛，来到她的后院，开始寒暄，聊起天来。 于是，他们就这样认识了，彼此留下电话，约好互相帮助，大家互相有个照应。

那第一声"你好"是如何产生的呢？ 李先生觉得他们几乎是同时隔着树丛向对方打招呼的。 李先生也相信，他们都是有心地走向树丛，为的就是结识对方。

这种彼此心里准备好，伺机而动，并用眼神接触的功夫是非常了不起的。 比如，当你参加酒会或聚餐时，必须时刻保持敏锐，从而及时正确地回应别人的眼神。 正因如此，你经常可以在电影里见到，人们能远隔十几英尺相互敬酒。 想想！ 那么远，若不敏锐怎能注意到呢？

远远地会心一笑，不必开口，默默地、高高地举起酒杯，用眼睛表达一份心意的敬酒，最是令人感动。

反之，当你看到一个朋友，一直向他使眼神，甚至叫他名字，对方都毫无反应时，那又是多么令人懊恼的事！ 这种尴尬的场面，我们不都曾经历过吗？ 这样的感觉，我们不都曾给予过别人吗？

当你的朋友狠狠拍你一下，说"怎么搞的？！ 我叫了你半天，你都没反应"时，就是因为你不够敏锐，伤害了对方的感情，使他热情的"你好"落入冰窖之中。

"你好"是个最普通的词，一个擦肩而过的人，可以彼此喊一声"你好"从此再也不相遇。 八竿子打不着的人，可以因为喊一声"你好"而从此走到一起。

每一个现代人都需要拥有丰富多彩的人际关系。 可是，现实生活中，很多人的这种需要都不能得到满足。 他们总是感叹世界上缺少真情、缺少帮助、缺少爱，这种强烈的孤独感困扰、折磨着他们。 其实，很多人之所以没有多少朋友，仅仅是因为他们一味退缩在人际交往中，总是采取消极的、被动的方式，总是期待友谊不请自来。 这样，虽然他们生活在一个人来人往的环境里，却仍然无法摆脱心灵上的孤独。 这是因为，这些人只做交往的响应者，不做交往的主动者。

要知道，没有人无缘无故对我们感兴趣。 因此，如果想得到别人的友情，与别人建立良好的人际关系，摆脱孤独的困扰，就必须主动出击。

心理学家研究发现，影响人们不能主动交往，而采取被动退缩的交往方式的原因有两点：

一方面是担心自己的主动交往得不到他人的积极响应，从而使自己陷入窘迫、尴尬的境地，进而伤及自己的自尊心。实际上，在现实生活中，每一个人都有交往的需要，所以我们主动而别人不响应的情况是很少见的。我们可以反过来想一想，如果别人主动对你打招呼，你会采取拒绝的态度吗？举个例子，生活中常会有这样一种非常有趣的现象：在硬座火车上，一个"隔间"里面有六个人，这六个人里面只要有一个是主动交往的人，那么，他们就能够谈得热火朝天，一路上充满欢声笑语；反之，如果这六个人没有一个人主动和别人交往，那么，他们一路上只能在无聊中打发时间，看书也没劲，对望又很没趣，所以干脆闭目养神。与其尴尬地面面相觑，不如主动打招呼，换得一路欢声笑语。人际交往很容易，只要你敢于尝试，主动和别人打招呼、攀谈。

另一方面，人们心里对主动交往的认识有很多误解。比如，有的人会说"先同别人打招呼，显得自己多没身价""我这样麻烦别人，人家肯定会烦的""我又不认识他，他怎么会帮我的忙呢？"等等。这些误解害人不浅，谁也拿不出任何可靠的证据能证明其正确性。但是，这些观念却实实在在地影响着人们，阻碍了人们主动与他人交往，从而失去了很多结识别人、发展友谊的机会。

当你因为某种担心而不敢主动同别人交往时，最好去实践一下，事实会证明你的担心是多余的。只有不断地尝试，才会不断积累成功的经验，增强你的自信心，使你在工作场合的人际关系状况越来越好。

要牢牢记住，这世上每个人都可能跟你有缘，也都可能成为你的助力。这种助力既可能是你成功的保证，也可能是你困境中的通行证！

不卑不亢和谁都能相处

大家都知道为人处世存在一个态度或姿态问题，态度与姿态又往往跟身份、地位、角色和自身的个性密切相关。通常，身份、地位较高的人，容易表现出高傲的情绪，这种情绪是不易为人们所接受的。也有另外一种人，他们出身卑微、地位较低或者性格懦弱，常常表现出可怜落魄的样子，这种样子令人轻蔑和瞧不起，导致很多人不屑与之为伍。上面这两种处世态度，或亢或卑，都不利于正常的人际交往，都有碍于心灵的沟通和情感的融洽。这两种态度是为人处世之大敌，不仅给彼此的相处带来心理障碍和精神障碍，而且也使交际气氛笼罩了一片乌云，使彼此相处不愉快、不和谐、不融洽。一般来说，人们大多喜欢在彼此平等的状态下交往。由"卑"或"亢"所产生的距离和人际交往的鸿沟，使得彼此很难搭建起友谊之桥，所以，为人处世应该保持的最好态度是不卑不亢。

不卑，可不惹人怜；不亢，可不招人妒。此种态度适合于任何一种场合和环境。不卑不亢是一种境界，一种平和的境界，一种高深的境界，一种做人的境界。

但要真正进入这样一种境界还是有难度的。特别是自卑的人，要想从"矮人一截"的感觉中走出来，并不是一件简单的事。

奥地利著名心理学家奥威尔在《自卑与人生》中说："自轻自贱的人，一定自卑；或者说，自卑的人，必定自轻自贱。"

那么，自轻自贱又是怎样产生的呢？一般认为有下面几个原因：

第一种是气质上的自卑。这种自卑，跟一个人出生时的环境、童年时代的环境有很大关联，是从小就有的，几乎与生俱来，很难改变。要彻底克服这种自卑是不可能的，如果一个人先天就有这种气质，他所要努力去做的，就是在他的这种气质之下，如何做得更好。

如果童年时经常遭到大人的吆喝、斥责、谩骂，那么，他一生都是一个唯唯诺诺的人、一个自卑的人。

气质上自卑的人，有的一辈子木讷、迂腐，最终一事无成，也有的最终成就一番大业。这就要看他如何合理地应对自己的这种缺陷、"变废为宝"了。

第二种是后天的，叫认识性自卑。这种心理形成于一个人长大以后，它的产生主要是因为过分注重自己在别人眼中的形象，过分注重自我。其结果是谨小慎微、患得患失，凡事总想着别人怎么看，一天 24 小时，好像随时都有双眼睛在看着自己。

这样的心态，不就像是一个囚徒吗？成了一个囚徒，还能做成什么事呢？囚徒是身体被囚，而自卑的人则是心灵被囚。

从这个意义上讲，这种人比囚徒更可悲。

第三种也是后天的，叫挫折性自卑。 这种心理的产生不受年龄限制，而且这种人很可能以前不自卑，后来因为遭受了重大挫折，而且屡战屡败，以致形成了自卑心理。

一个人有了这种心理，必然导致交往和办事质量大打折扣。 所以，应先分析自己，找出产生自卑的原因。 比如，平时较少参加社交活动，在这方面受的教育和锻炼不足，工作能力不强，或者有某种生理缺陷疾病等。 认清了这些，然后再有意识地用自己的优势弥补其不足，这样，不断地进行有意识的锻炼，就会渐渐地在为人处世过程中保持一种平衡心态。

另外，要避免自卑，处世不卑不亢，还应具有一定的社交活动技能和社交常识。

处世是一种具体的活动，其表现形式多种多样，广博的知识、高尚的情操，往往使社交活动和处世过程变得更加丰富多彩，给参加者带来诸多收获和享受。

不会跳舞、不会摄影的人很难同有此爱好的人建立起感情。 如果请朋友到家里聚会，随便吃点什么东西与你做一桌美味的饭菜相比，气氛显然会大不一样。 因此，掌握一定的技能，就能打通参加更多的社交活动的渠道，为你以后的事业打下良好的基础。

另外，还应掌握一定的社交常识。 比如，怎样和人握手、交换名片，如何安排喜庆活动，怎样注意餐桌上的礼仪，怎样和人打招呼和掌握一些地方的风俗禁忌等等，这些都可以让自己在社交活动中应付自如，潇洒大方。

微笑的价值

一位诗人说："我最喜欢的一朵花，它是开在别人脸上的。"

微笑是盛开在人们脸上的花朵，是在人们心中升起的太阳，是那些渴望爱的人们眼里最高贵的礼物。当你把这种礼物奉献给别人的时候，你不仅能赢得友谊，还能赢得财富，甚至能在生死关头挽救自己的性命。

西班牙内战时，一军官被俘。在即将被处死的前夜，他从口袋中掏出仅有的半截香烟，想吸上几口来缓解一下临死前的恐惧，但是他却没有火。在他的再三请求下，看守员最后毫无表情地掏出火柴，给他点火。当两人四目相对时，军官感激地向看守员送上了一丝微笑。令人惊奇的是，那看守员愣了几秒钟后，嘴角也不由得向上翘了，最后竟也露出了微笑。后来，两人开始交谈，谈到了各自的故乡，各自的妻子……最后，那看守员竟然动了感情，悄悄放了这位军官。

西方一心理学家做过一个微笑训练的实验，实验内容是要求参加者每天坚持对人微笑。一个月后，有人感激地说："我每天坚持这样做。刚开始时，大家感到惊讶，后来就习惯了。这个月我在家庭中得到的快乐，比过去一年中得到的还多。现在我已养成了微笑的习惯，而且我发现，在我微笑的同时，人人也对我微笑，并且以前对我冷若冰霜的人现在竟也对我热情起来了。"

你瞧，多么奇妙的笑啊！ 它可以沟通心灵，融洽关系，驱走阴冷，使你的生活充满阳光。

在住了十几年的平房后，今年夏天小梅一家终于要搬到高楼里住了。 "去看看新家！"尽管那是座旧楼，小梅仍然掩饰不住心中的兴奋和喜悦。 但当她一脚踏进闷热的电梯间时，小梅的高兴劲便减少了一半：眼前一张伤痕累累的桌子将电梯间一分为二，桌子后的高椅子上坐着一位四十多岁的冷面电梯员。 看到那张冷脸，小梅像碰了钉子一样，高兴劲儿全无，顿时感到气温似乎在零度以下。

"几层？"电梯员冷冷地问。

"九层，"小梅想缓和一下气氛，赶紧露出一个甜美的微笑搭讪道，"阿姨，您的工作挺辛苦的，这么热的电梯间！"

"可不是嘛！"电梯员脸上的冰冷开始融化了，"这么小的地儿，就这么个小电扇，一天一坐就是 6 小时……姑娘，九层已经到了。"电梯员竟然也微笑着提醒她。

此时，小梅发现自己的心情又好起来了，看来，一个微笑再加上一声问候，就像一股暖流，瞬间可以消除人与人之间的隔阂。

后来乘电梯时，小梅和电梯阿姨都要进行亲切的交谈。 一天，小梅同几个装修工扛着木料来到电梯前，一比画，木料放不进去。

"小梅，来！ 把我的桌子和椅子搬出去，你再把木料一斜，就能放进来了。"电梯阿姨看来很有经验，果然一切顺利。

木料运送如此之快，邻居好奇地问小梅："你们是怎么把木料运上来的？"

"电梯呀！""啊？ 我们同样的木料，电梯员说'这个太长了，电梯里放不下，你们走楼梯'。 九层啊，我们一层层地扛上来的！"

小梅心里知道这是怎么回事，一张冰冷的脸需要用甜美的微笑和温暖的问候来融化。

现在的社会，竞争愈来愈激烈，生活节奏越来越快，因此，人们大多只顾着忙乎自己的事，而很少关心别人的事了。这种情况下，人们的内心深处其实更需要他人的理解和关怀。此时，如果你能给他们一声问候和一点关心，满足了他们情感上的需求，那么，他们就会用热情来回报你。

有此真经，小梅在单位逢人就微笑着打招呼，因此，小梅的人缘也越来越好了，用一句时髦的话概括就是"人气急升"，而这一切都归功于微笑。

为什么小小的微笑在人际交往中会有如此大的威力？ 原因就在于这微笑背后传达的信息是："你很受欢迎，我喜欢你，你使我快乐，我很高兴见到你。"请问，会有谁不喜欢这样的信息？

中国有句古话："人不会笑，莫开店！"

外国人说得更直接："微笑亲近财富；没有微笑，财富将远离你。"

纽约大百货公司的一位人事经理曾这样说过："我宁愿雇用一名有可爱笑容而没有念完中学的女孩，也不愿雇用一个摆着扑克面孔的哲学博士。"

世界著名的希尔顿大酒店的创始人希尔顿先生，他的成功，也得益于他母亲的"微笑"。 母亲曾对他说："孩子，你要想成功，必须找到一种方法，它要符合以下四个条件：第一，要简单；第二，要容易做；第三，要不花本钱；第四，可以长期运用。"这究竟是一种什么方法？ 母亲微笑着未答。希尔顿在反复观察、思考后，终于找到了：是微笑，只有微笑才完全符合这四个条件。 后来，他果然用微笑闯进了成功之门，将酒店开到了全世界的大城市。

难怪一位商人如此赞叹道："微笑不用花钱，却永远价值连城。"

微笑在商场有着举足轻重的地位，所以，服务业、员工岗前培训的首要内容一定是"微笑服务"。

对我们每一个人来说，虽然微笑是一件轻而易举的事，但是它却能照亮所有看到它的人，它就像穿过乌云的太阳，带给人们温暖。 所以，让我们微笑吧！ 微笑着面对生活，面对周围的人。

每天早晨上班前，对你的家人微笑，她们就会在幸福中盼着你归来；上班时，向门卫微笑着点个头，他会还你一个尊敬和友善的微笑。

每天遇到同事时，主动微笑地打个招呼，你也会人气急升。

开车并线时，摇下车窗，向侧面的司机点个头，微笑一下，还有人会不让你吗？

餐厅里吃饭时，当服务小姐倒完茶后，你可以微笑着对她说声："谢谢你啊，茶倒得真好。"尽管那是她的本职工作，可是，她会觉得你的微笑和赞美是额外的奖赏。

当你每一次奉献出微笑时，这微笑的光芒也会从别人那回照到你的脸上，然后给你带来方便、快乐和美好的回忆，何乐而不为呢？

看开而不看破

现实生活中，有许多人往往不敢面对和承受人生道路上的重大挫折，如升学失败、就业无着落、恋爱危机……他们要么出家，伴着暮鼓晨钟、清灯残卷来度此一生；要么自杀，走上绝路。 他们自认为看开了一切，人生不值得留恋，还是一了百了为好。 但是，这不是看开，而是看破，实际上他们还是没有看开。

自杀者往往执着于一个意念——想不开、看不开，把人间一切都看成灰色，无一人值得留恋，也无一人留恋自己。 他们以为，人活着与死掉没什么两样，又何必承受生的痛苦呢？ 许多自杀者以为自己是严肃的，但是真正严肃面对生命的人又怎能轻易结束自己的生命呢？ 这还是没想开、没看开。

想不开、看不开的意念，就好像眼前有一片树叶，遮住了所有的阳光，而这样的黑暗是自己造成的。 人应该知道为何而生，为何而死；人应该决定如何生存下去。 所以，不要轻易萌发轻生的念头，因为这意味着投降，是彻彻底底的失败，完全没有翻本的机会。 移开眼前的屏障，看阳光普照大地。 给自己一点时间，时间是最好的医生，能够治愈任何创伤。

轻生是看破红尘的表现，贪生怕死同样也是看不开的表现。 有许多人过于留恋人生，认为自己未功成名就，人世间的荣华富贵还没有享尽，就一死了之，太可惜了。 这样的人仍然是没有看开。

真正看开的人，对于生死祸福等闲视之。有道是万物皆有生有死，这是自然规律。一个人的生是循着自然界运动而产生的，而一个人的死亡也是生命历程的自然结束，它是世界万物转化的结果。生如浮游于天地之间，死则恰似休息于宇宙怀抱之中，这一切实际上没有什么大惊小怪的，生也好，死也罢，都是很正常的。生有何欢，死又何惧。

庄子生命垂危时，他的弟子们商量如何厚葬他。庄子知道了以后，幽默地对他的弟子们说："我死了以后，就把天空作为我的棺椁，把光辉的太阳和皎洁的月亮当作我的殉葬品，把天上的星星当作珍贵的珍珠。天下万物都是我的殉葬品，这些已经够了，何必还要搞什么厚葬呢？"他的弟子们哭笑不得，解释说："老师呀，即使如此，我们还是担心乌鸦把您给吃了！"庄子说："扔在野地里，你们怕乌鸦吃了我，那埋在地下，就不怕蚂蚁把我给吃了吗？你们把我从乌鸦、老鹰嘴里抢走送给蚂蚁吃，为什么那么偏心眼呢？"

如果能像庄子这样把生看得开，把死悟得透，也就不会为生命的即将结束而悲哀，相反，还会活出生命的本真。"生死有命，富贵在天。"生命诚然宝贵，然而它又是短暂的，人死不复生，因此，活着的时候就应当顺应自然，面对现实，笑对生活。笑对生活是乐生、重生的表现，遵循生命的规律，追求高远的目标，却又看得透、想得开，活得既有意思、有价值，又轻松愉快。

人在客观世界面前虽然不能随心所欲，但也不是无能为力。古人常说"顺境十之一二，逆境则十之八九"。每个人都会遇到逆境，关键是如何对待。提倡看开而不看破，就是不要耿耿于怀于一时一事的成败得失，更不要刻意去追求名利，而是要反思过去，立足现实，展望未来，以便站在更高的起点上，拥有一个更加开阔的视野。 与看开不同，看破是一种消极的处世态度，对自己没有信心，对人生没有追求。 这样的人不会在自己的人生轨迹上留下什么痕迹。 因此，只有看开人生中的坎坷与逆境，方能窥见其中的哲理与玄奥。

真正看开的人都不太执着于追逐权势、金钱、名利，而是返璞归真，顺应自然，保持人原有的那种质朴、纯真的自然天性，保持那种看庭前花开花落，望天边云卷云舒，宠辱不惊，物我两忘的恬适和超然的心态。

第二章

情商高的女人就是知道自己该说什么

好配角胜过烂主角

　　人生的舞台上，上台或下台都是平常的。 假如你的条件适合当时的需要，当机遇到来时，你可以赢得满堂彩，若是你演得好而且演得妙，你就可以在台上多风光一会儿。 假如你唱走了音，只能听见嘘声一片。 潮起潮落，自有规律，你不必为自己一时的辉煌感叹不已，也不必为今日的风光不再而长吁短叹。 尊重现实，你不可能永远都是主角。 实在当不了主角，我们就心甘情愿地当配角，这何尝不是一种聪明的做法。

　　年轻人刚从事一项工作时，完全需要做配角，这是一种谦虚的态度，一种合作的态度。 只有当好配角，才能从主角那里学到许多东西，也才能让主角尽心地传授知识。 而如果刚开始就争强好胜，凡事都抢着干，别人就会抱有戒心，远离你。

　　　韦奇工作踏实、有新意，在单位人缘很好。大家都知道他很想当科长，同时也都认为他具备当科长的能力。不久，他真的成为了科长，看他每天办公、开会，忙进忙出，兴奋中难掩骄傲的神色，大家都替他高兴，盼望他可以继续晋升。可是过了一年，他"下台"了，被调到别的部门当了一名副职。据说，得知消息的那天，他锁上办公室的门，一整天没有出来。当了副职后，大概难忍失去舞台的落寞，他日渐消沉，完全没有了斗志。

很多人都难以接受由主角变为配角，这种落差轻则让你落落寡合，重则让你痛不欲生。 这时请你不要悲叹时运不济，也不要用昂贵的代价去争，因为结果可能会带来更大的伤害。 你需要做到的只是平心静气，好好地扮演你"配角"的角色，像做主角时一样用心和努力。

刚毕业的年轻上班族要甘当配角，以求充实自己。 应该认清自己在工作环境中所承担的工作角色以及这个角色的性质、职责范围等，保质保量地完成本职工作。 另外，在工作中遇到大家都能做的事，不要抢着去表现。 做得再好，也很难赢得赞许，而且和别人争做这样的事，容易引起矛盾。 而当有些事别人做不了时，你可以勇敢地争做主角，好好地表现一下，展现自己的才华。

汤姆·布兰德起初只是美国福特汽车公司的一名杂工。当了一年半的杂工后，汤姆·布兰德申请调到汽车椅垫部工作。不久，他掌握了椅垫的工艺。后来他又申请调到电焊部、车身部、喷漆部、车床部等部门去工作。短短三年，他几乎把这个厂各部门的工作都做过了，最后他来到装配线。

看着这种情形，他的父亲对他的那些举动十分不解，他问汤姆·布兰德："你工作已经三年了，可总是做些焊接、刷漆、制造零件的工作，你怎么不好好考虑一下自己的前程呢？"

汤姆·布兰德笑着向父亲解释："我并不急于当某一部门的小工头。我以能领导整个工厂为工作目标，因此，我必须了解汽车的整个制造过程。我现在正在把我的时间用来做最有价值的事情，因为我要学的，不仅仅是一个汽车椅垫如何做，而是要明确整个工作流程。"

　　当汤姆·布兰德知道自己准备好了时，他决定在装配线上崭露头角。汤姆·布兰德在其他部门干过，熟悉各种零件的构造，也能分辨零件的优劣，这为他的装配工作增加了不少便利。没过多久，他就成了装配线上最出色的人物。很快，他就晋升为领班，一步步实现自己的目标。

　　大多数成功之人都从事过普通的、最底层的工作，他们和一般人不一样的地方是：珍惜每一次工作的机遇，不会满腹牢骚，而是认真做好每一件事，最终通过努力来证明自己的价值，展现自己的才华。

　　对于刚毕业的年轻人而言，缺乏的不是机会，而是蓄势的远见与忍受平淡的耐力。当年的陈天桥以优异的成绩从复旦大学毕业后，成为一名放映员。换作其他人可能会因此而抱怨连连，但陈天桥却积极寻找机会，利用空余时间专心钻研管理书籍，才获得了今天的成就。

　　现代职场是一场长跑，短暂的热情和速度都不能获得最终的胜利。因此，年轻人在进入职场后，更需要充实自己，提升忍耐力。

去看看外面的世界

　　年轻人一定要到外面走一走，这样才会发现外界的广阔。这时候，你会发现你真正长大了，眼界开阔了，心胸更宽广了。正如古人所言的那样，读万卷书，行万里路，他们强调阅历的重要性。没有丰富切实的人生感受，书本知识再多也并不一定有用，更不可能真正悟透其中的道理，体会到世事的真谛。

　　大多数人只习惯在自己家里生活，出门仅限于周围的城市。农耕文明时代，很多人终生都未出过远门，终日留恋故乡老宅，虽说对家的依恋并不是什么坏事，但人生的驿站不能太少、太唯一。譬如牛羊吃草，一旦吃光了一个地方的草，就必须再换一个地方安营扎寨。再说，不边吃边走，怎么知道另外的地方草更多呢？

　　伴随着世界知识经济的创新，科学技术极大地改变了世界的交通状况和通信状况。世界变小了，人们对世界的了解增多了，有更多的机会去看世界。但仍有很多人对家、对自己熟悉的生存环境依赖太强，他们仍然是现代社会中的井底之蛙，在无形中葬送了自己进步的机会。

　　世界比你的家大，有很多大城市、大地方及名山古刹在你家之外，你应该到家之外的世界看一看：世界各地有什么样的人们，他们在做些什么事，你和他们究竟有哪些不同？史学家司马迁年少多游历，这既为他后来的《史记》创作提供了很多第一手的资料，也为人生的体会提供了资历。 大诗人李白终生漂泊，上至帝王将相，下至黎民黔首，他都有深入的了解。 所以，他的诗才能既想象宏大，又细致入微，感人肺腑。 所以，年轻人应该走出家门，到更大的世界去闯荡。

一旦你在外面便会发现，世界确实很大、很精彩，可这些都是别人的。 在家中，你是爸爸妈妈的宝贝和掌上明珠，但在外面，你不再是生活的重心。 当你那种初次接触世界的新奇感消失后，很多东西会让你变得失落。 离开了你熟悉的环境，你一下变得孤单、陌生、无助，就连找一个吃饭、睡觉的地方都很不容易，又费钱，又不舒服，与你的生活方式截然不同。 甚至连买一张火车票这种看似很简单的事情，也会让你大伤脑筋。 身处这个世界中，你实实在在地感到你是一个外地人，口音不同，长相不同，又没有亲朋好友，甚至连一个熟人也没有。

古人说："在家千日好，出门一时难。"此时，你最有体会。 父母对你平日的操心，直到此时才能有所感悟。

如果说一两周岁时，在家人的关怀中断奶，那么，此时，你才在世界的"教育"中完成了"青春断奶"。

到大世界转了一圈后又回到家中，你才会发现你真正长大了，开拓了自己的眼界，对他人或事物的理解有些接近人情了，心思日益缜密并有所承担。 回想起在外面的见闻，各种磨难和历练，那些烦琐的事情以及那些不以你的意志为转移的事物，它们让你明白了世事的繁复和人生的艰辛。 自己独立面对世界，开始学会独立，那些"风雨"和"世面"，磨砺出了你人生的经验，你生命中最宝贵的独立品性出现了，为以后的发展埋下良好的伏笔。

知道了大世界的存在，有了对大世界的感受，在大世界中生存，这意味着你的人生已真正起航。你没有能力时，只不过是个平庸的围观者，你得到的只是冷遇、挫折和被牺牲。当你有了足够的能力后，你便有能力支配世界，世界将献给你鲜花、微笑和更大的自由。这时，于你已不仅仅是一个看世界的问题，而是如何分享世界的博大、享受各种文明资质。

抓住属于自己的机会

机不可失，失不再来，人人皆知这一深刻的道理。在商业活动中，如果你能在时机来临之前就识别它，把握住这一宝贵机会，那么，幸运之神就降临了。

商场是一个使人有机会一展身手的地方，在这里机遇与陷阱并存。善于把握机会，并且能够避过商场上的陷阱，便能巧妙地发展事业。

是否能够把握机会，与成败密切相关。即使是不懂得任何经济学或管理学的青年人，都应该认识到，商场上成功的人物绝对是善于把握机会，甚至可以创造机会的人。所谓"英雄造时势"，也正说明了这个道理。至于失败的人士，未能掌握机会则是他们失败的根源之一。

过于勇进，完全没有考虑实际情况，更没有做过任何分析，便一意孤行，这是一个极端。凡事得过且过，不思进取，又是一个极端。 这两种极端均会造成事业上的失败。 只有在这两个极端当中取得一个平衡点，不过于偏激，也不过于贪图安逸，才可能取得事业上的成功。

成功的生意人，应在商场上该勇进时勇进，该保守时保守。 不过，勇进不等于一意孤行，更不是在毫无实质数据或其他分析资料的支持之下，就投入全部力量。 因为一旦看错，就再无回头之路。 李嘉诚在遇到商场上的机会时，绝对不会轻易错过。 但在决定是否应该将资源投入之前，他和他的属下一定会经过深思熟虑，反复地搜集、分析资料。 一旦认为值得投资，便会集中所有资源，一往无前地支持这个决策，直到最终获取胜利。

决定一件事时，事前要小心谨慎研究清楚，确定了就该勇往直前。

机遇与经商胜负密切相关，也是商场上的幸运儿和倒霉鬼的分界线。 幸运儿是那些能及时发现机遇、把握机遇的人，从而可以事业有成；反之，那些不能抓住机遇，等时机失去之后才顿足扼腕的人，就注定只能成为失败者。 所以，在商海激战中，要抓住每一个致富的机会。

戒除优柔寡断，磨炼一双利眼，才能抓住你应得的机会。抓住机会，伺机而动，这个道理并不难理解。 但不少人还是遗憾地错失了机会，究其原因，主要体现在两个环节上，一个是择机，一个是识机。

时机来到，有的人能及时发现，有的人却视而不见；有的人虽然有所发现，却没有深刻的认识，把握不准。 一般来说，对机会的认识决定了对机会的选择。 不能识机，择机更是无从谈起；识机不深不明，便会在机会选择上前顾后盼，犹豫不决，最终坐失良机。

还有一个导致时机丧失的原因，是多谋少决，不敢决断。这固然受到对时机认识不明的制约和影响，但也与决策者的心理素质有很大关系。一些人性格软弱，缺乏决断力，面对几种互相矛盾的选择方案，不分良莠，不知如何取舍。

机遇并非平均分配给每个人。无论是在社会生活中，还是在社会斗争中，机遇只偏爱那些有准备的人，只垂青那些深谙如何追求它的人，只属于那些自信自己会成功的人。

善择良机才能伺机行动。良机不可能赤裸裸地放在我们面前，它常常被复杂变幻的迷雾所掩盖。为此，应渐渐养成审视时势的能力，随时把握客观形势及其各种力量对比的变化，透过现象，发现本质，最终一举抓住时机。

如果你有犹豫不决的坏习惯，必须改掉这个毛病。根据你目前的条件，列出各种可能的选择，从各个角度考虑和衡量，调动你的常识和敏锐的判断力，在最短时间内做出判断。一旦做出决定，就不要再后悔，不要再考虑，让它成为最终的决定，并且坚定信念不动摇。

只有坚持这样做，直到果断成为你个性的一部分，你才会惊奇地发现，你从中获得的益处很多。它不仅增强了你的自信，也增强了别人对你的信任。也许起初会容易犯错，但你的判断力和对自己判断力信心的增强，会使错误得到弥补。果断是人类优秀品质的核心，是所有伟大创业者人格特质的重要一环。

机遇如流水一般稍纵即逝。它是明察善断者不断前进的鼓点，是长夜中士兵即刻开拔的号角，胜利之门，随时向你打开。任何犹豫都与它无缘，都无法开启它胜利的窗扉。

打造自己的品牌

每个人都是唯一的，都有自己独有的特性。 如果想获得胜利，就要努力打造自己的品牌。 这种品牌决定了你的不可代替性，是你独特的卖点。

一种商品之所以畅销，是因为这种商品有它独特的卖点。在市场经济日益发达的今天，人也可以被看成一种特殊的商品，被公司和学校大量生产。 人们的竞争越发激烈，能够胜出而不可代替的人都必须拥有自己的卖点——营销学上称为"独特的销售卖点"。

学历不是卖点，别人也会有；基本技能不是卖点，外语、电脑人人都在学；经验更不是卖点，这个时代日新月异，你所谓的经验很快会被创新的方法所代替。 商品是靠卖点来争夺眼球、扩张市场的，人也一样，没有卖点只能干等着。

你必须营销自己，为自己培育独特的卖点。 学历、技能、经验，虽然听起来都不错，但这远远不够。 老板们会认为这是每个求职者必备的敲门砖，实在没什么大不了。

再说，职场中的绝大多数人，都把这"老三样"当作"卖点"，你如何战胜他们呢？

其实，职场中可以成为卖点的东西有很多，比如，学习能力、组织领导、创新能力、沟通表达、人际合作、效率管理……一个人总得有几手绝活，在学历、技能、经验均不占优势的时候，这些就成了你胜出的卖点。

花点时间，了解一下自己的卖点何在。 如果你没有，请你赶快拿出读书、考证书的热情，帮自己获得竞争优势。

如今，在职场中推销自己比以往更困难了。 这与变化多端的环境无关，而是因为自己不具备用人单位需求的卖点。 我们应该找准自己的卖点，从而在竞争中占有优势。

现在的竞争十分激烈，可很多公司因为找不到合适的人选而不得不让职位空置的事实也在提醒求职者：不是没有机会，而是你必须告诉自己，自己到底卖什么。

塑造自己的形象

年轻人在慨叹没有人了解自己时，首先应当自问："在平时的工作和生活中，我的言行表现是否符合我希望的自我价值？" 西方有句名言："你想在明天成为大人物，今天就要做得像个大人物。" 如果想获得成功，首先是塑造好自己的形象。

塑造良好的形象，需要你加强谈吐、举止、修养、礼节等各方面的素质。 首先，要注重仪表风度。 一般情况下，人们都愿意同衣着干净的人接触和交往。 比尔·盖茨在行业论坛上总是穿着牛仔裤和 T 恤衫，AVON 创始人钟彬娴则在任何时候都保持着"比生活妆更耀眼"的妆容。 如果要成为外表上让人舒服的人，在形象上不仅要做到通常标准上的大方得体，更要和你的职业有机结合起来，并且形成自己的风范持续下去，把形象打造成你个人品牌的一部分。 这样，你就不仅是在第一眼被人注意，之后也会为人所铭记。 其次，要注意言谈举止。言辞幽默，侃侃而谈，不卑不亢，举止优雅，便会令人难以忘怀。

对于一个人来讲，内在之美需与外在形象相结合。 一个人的人品可以从其眼神、笑容、言语、态度等显示出来。 所以，你应该多注重自己的内在之美，还要学会怎样发挥。

1960 年，在尼克松与肯尼迪的竞选之争中，老牌政治家尼克松也许有着资历上的优势，但是外在包装上则不如对手，以至于贵族家庭出身的肯尼迪评价他："这家伙真没有品位！"受到家族的影响，肯尼迪懂得如何利用自己的外在优势吸引众多选民的好感。在他与尼克松的电视辩论上，年轻、英俊、风流倜傥的肯尼迪展现了迷人的个人魅力，看起来坚定、自信、沉着，好像不仅能够主宰美国的政坛，还能平衡世界的局面。即使是一个平常的握手，就使得一位政治评论家宣称"肯尼迪已经获胜"。当肯尼迪提出"不要问国家能为你做什么，问一问你能为国家做什么"的口号时，激起了美国人民的爱国热潮，成了选民心中的完美领袖。几十年过去了，其形象也依然令人难忘。

由此可见，要想在这个世界上树立起自己的形象，赢得属于自己的名望，必须拿出独立自信的上佳表现，在大家心中占据一席之地。 虽然人们都有同情弱者的心理倾向，但总是一副可怜的样子，谁又愿意把自己与你划在同一水平线上呢？ 长此以往，人生的道路会变得狭窄。 一个人的魅力首先来自他对待自己的态度，这是他如何定位自己人生的体现。

对人彬彬有礼，穿着整洁，举止文雅，体现了个人的修养和家庭教育。 走入社会、走入商界，你就会发现这有多么重要，它也是一种资产。 许多人都是因为个人魅力的缺失，而失去了绝好的工作和成功的机会。 电视剧里那些邪门歪道的人，改换了环境之后，也要学着培养起温文尔雅的风范，以提高自己的身价。

一位东北制药业的老总，在他的大学时代里，就有着强烈的"领导意识"。他认为伟人要具有散发着魅力的外形和举止。通过练习腹腔发声，他把自己原来脆弱的嗓音变为具有磁性魅力的、浑厚的男低音。后来，他又有了当国际巨商的新意识，便高薪聘请形象设计人员，为自己设计具有国际标准的世界巨商的形象。无论是西装还是休闲服，他只穿能够衬托一个领导宏伟气派的高质量、高品位的服装，始终留意每一个细微之处。如今，无论在外观、口音、思想意识上，他都更像一位来自华尔街的金融家。

一个人的魅力是由多种要素构成的，比如，内在涵养和素质、外在的仪表、服饰、行为动作、地位和角色等。 这些因素的差异以及交往个体能否有效地使用这些要点，会直接影响到一个人的魅力，影响沟通的程度和效果。 因此，打造个人的独特魅力，除了发挥自己的才能本事外，还必须量身塑造一个成功的自我形象，从而提升你在团队中的影响力，增加取胜的砝码。

安装才华的"聚光灯"

在工作中，我们需要向他人推销自己的能力，使自己的才干得到体现。 只有成功地把自己展示给他人，使自己的才能为人所知，你才会有机会被提拔、重用。 不要总是以为，是金子总是会发光的，要知道，深埋泥沙中的一块黄金尽管价值连城，其价值也如同丧失。

我们之所以要主动推销自己，使他人关注自己，主要是因为机遇是珍贵的、稀缺的、稍纵即逝的。 如果你能比同样条件的人更为主动一些，就会更好地把握机会。 因此，主动出击是抓住机遇的最佳策略。

以赤玉葡萄酒起家，后来创立了世界级企业三多利的日本人岛井信次郎，就很善于推销自己。为了提高企业和产品的知名度，一旦发生火警的时候，他就立刻跑到出事地点去调查，然后让一些年轻人穿着背上印有"赤玉葡萄酒"标志的短外套，手提耀眼的灯笼赶往出事现场，灯笼上也印有"赤玉葡萄酒"的标志。不久，许多人都知道了，不管哪里发生了火灾，第一个赶到现场的一定是"赤玉葡萄酒"。许多人纷纷嘲笑他这一举动，但岛井信次郎为了宣传自己，丝毫不介意人们的嘲笑。因此，只要火警声一起，大家便会发现"赤玉葡萄酒"。通过这个方法，"赤玉葡萄酒"很快获得了知名度，有了极好的销售业绩。

希望有所成就的年轻人，不要奢望别人主动地来关注自己，而是要积极主动地把自己的才华展示给别人看。把自己的美展示给别人，从而赢得机遇的青睐，只要拥有些许的勇气就可做到。

如果为人内向腼腆，不能忍受各种在处世交往中的委屈，或是过于清高，那么就可能无法与朋友和睦相处，更不可能抓住机会展示自己，就算自己才华过人，也会淹没在芸芸众生里，这是非常可惜的。

如何让自己变得为人所关注呢？学会运用"聚光效应"让上司注意到你的业绩，不甘于当背后的沉默英雄，在恰当的时机、场合向领导展示你的能力与成绩，这有助于得到领导的赏识。

有一个穿得破破烂烂的小男孩，跑到摩天大楼的工地向一位衣着华丽、口叼烟斗的建筑承包商请教："我该怎么做，才会像你一样富有呢？"

他低头看了看小男孩，回答说："小伙子，去买件红衬衫，然后埋头苦干。"

小男孩满脸困惑，百思不解其中的道理，希望他能解释清楚。承包商指着那批正在脚手架上工作的建筑工人，对男孩说："你看见那边的人了吗？我无法记得他们每一个人的名字，甚至有些人根本连脸孔都没记住。但是，你仔细瞧，只有那个满身是红的伙计，我很快就注意到，他似乎比别人更卖力，每天来得比别人都早，工作时也比较拼命，而下工的时候，也是最后一个离开工地。就因为他那件红衬衫，使他在这群工人中间特别突出。我现在就要过去找他，派他当我的监工。从今天开始，他一定会对我更加卖力，说不定很快就会成为我的副手。"

　　"小伙子，我也是这样爬上来的。我非常卖力工作，争取比别人都要出色。如果当初我跟大家一样穿上蓝色的工人服，也许没有人在意我的存在。所以，我天天穿条纹衬衫，同时加倍努力。不久，我就出头了：老板注意到我，升我当工头。一步步地勤奋努力后，我终于自己当了老板。"

再大的公司，一个人的空间其实都很狭窄。高层主管能叫得上名字的普通职员不会很多，你表现得再卖力，也未必会留下一个特别的印象。这是说我们对待机会要采取主动的态度，甚至要用我们的行动来创造更多的机会。很多人正是找到了一个合适的机会展示自己，有了好业绩、好人缘、上司的重视，晋升的机会也就送上门了。

常言道，疾风知劲草，烈火炼真金。在关键时刻，领导十分乐于与下属交流。 人生难得机遇，千万不要错过自我表现的良机。 当某项工作陷入困境时，你若能大显身手，定会让领导格外器重你。 当领导本人在思想、感情或生活上出现矛盾时，要是你能恰到好处地劝解领导，也会令其对你极其青睐。

总之，推销自己是一种风格，没有风格的话，只会让自己流于平庸。

让人心悦诚服地跟随你

当今社会中，总有一些人一出场就能赢得满堂喝彩，一抬手、一顿足就能显出与众不同，他的言行能够被团体认可，从而引领团体的前进方向。 我们可以把这种人所具备的人格魅力称为"领袖气质"。 他们并不一定是高层的管理者，在任何一个团体中，小到几个人组成的办公室，大到一个集团，总会有这样的人具有说服他人、引导他人的能力。在某种意义上，"领袖气质"也可以被认为是人格魅力的一部分。

我们可以说，领导工作就是发挥自身威信以产生力量的工作，领导艺术就是一种提高个人威信的艺术。 如果年轻的你总是能以身作则，成为周围人学习的榜样，他们就会热切而认真地学习你作为领导的良好表现，你也因此赢得了他们的依赖，树立了自己的威信。

恺撒大帝原先只是一名组织民众竞赛的小官吏，后来在社会上扬名立业的他组织了一连串的活动——狩猎野生作战、竞技射箭等。对平民百姓而言，恺撒这个名字逐渐和他们喜爱的盛事结合在一起，他是那么让人期待和难以忘记。在攀升到执政官的过程中，恺撒的威信也不断上升。

面对连年内乱，在形势最紧急的时刻，恺撒来到驻扎在鲁比孔河岸的军营。恺撒和他的幕僚们激烈地辩论着选择和平还是战争的问题，恺撒沉着地伸手指向河边，仿佛那里的士兵刚刚奏起前进的号角，引领军队跨过鲁比孔河上的桥。他慷慨激昂地说："让我们接受神的指示，追随他们的召唤，打败背叛的人。骰子已经掷下了，不容收回！"

他的演说震撼了每个人，他时时刻刻注重自己在群众面前的表现，牢牢维持住自己的公众形象，丝毫不敢懈怠。他清楚地知道将领并没有确定要支持他，然而他以雷霆万钧之力收服了将领，把自己的形象根植在人民心中。恺撒为所有领袖和权贵们树立了典范。

最后，恺撒赢得了在场将领的支持。在战争中，他总是意气风发、身先士卒，常常以最勇猛的姿态冲向战场。士兵们目睹了他无所畏惧、所向披靡的战斗力，受到激励，都以他为榜样，于是全军渡过鲁比孔河。第二年，恺撒击退了敌军的攻势，成为罗马的独裁者。

当今社会，竞争越来越激烈，这就要求每一个有意进取的人，要有超凡的领导能力和良好的组织协调能力。越来越多的职场人士开始关注如何树立威信、获取支持，如何培养自己的"领袖气质"。树立权威形象，培养"领袖气质"，需要一个过程。如果我们在日常工作中能够注意到以下几点，将会为"领袖气质"的培养打下良好的基础。

1. 诚实守信

"人无信不立"，承诺对方事情，对方自然会指望你；一旦别人发现你开的是"空头支票"，说话不算数，就会对你产生失望的情绪。"空头支票"不仅给他人增添麻烦，而且也损害了自己的名誉。只有守信的人，才会使人信任他。重守承诺，你的事业才有望发展壮大并蒸蒸日上。

2. 认真对待身边的每一个人

若想赢得他人的信赖，树立自己的权威形象，就必须要学会重视身边的每一个人。我们每个人都希望成为重要人物，一旦别人帮助他实现了或让他体验到了这种感觉，他就会对这人产生好感。当别人优于我们时，可以给他们一种超越感。但是当我们凌驾于他们之上时，他们会有诸多怨言和不满，有的产生自卑，有的嫉恨在心。所以，你必须让你遇到的每个人倍感自己的重要和被需要程度。

3. 顾全大局

一个人为人处世只想到自己的好处和利益，那就不可能得到团体的认可，更谈不上树立自己在他人心目中的权威形象了。如果一个人只顾自己，没有从大局考虑，他的行为自然得不到大家的认可，这种情况我们经常遇到。人总是会自觉或不自觉地从自己的角度出发来考虑和处理工作，如果你学会设身处地地为他人着想，自然会获得他人的信赖。

拉大旗作虎皮

在现代社会，巧借名人的手段已日渐成为潮流，而且大有扩展之势。对于我们年轻人来说，若能巧借名人之力实现自己的目标，那也是很不错的。

学会借用名家之言，如请社会名流为你题个词，请专家教授为你写的书作个序，请明星为你签个名，等等。这些名人具有相当的号召力，他们的判断能力、鉴别能力是被社会公认的。他们的题词可以向别人证明你的实力，有了这些东西，办事情就会比较顺利。

如果有机会成为名人中的一分子，自己也便沾上了荣耀，在别人眼里也就身价大增了。名人其实离我们并不遥远，只要用心，完全可以借助他们的力量，成就我们的事业。

俗话说："俊鸟攀高枝。"攀高枝，对于人的自身发展，或者是赚取名利，都是大有好处的。 不同的人有不同的技巧，非常之人有非常之技巧。

每个人都希望结交名人，谁不希望有个声名显赫的朋友，一个明星，或者别的大人物。 如果能跻身于他们的行列，那是一种荣耀。 所谓靠上大树成俊鸟，在社会交往中如能结交一些比自己有实力、有地位、有权势的人，对你日后在社会上办事、在仕途上发展等各方面有十分重要的作用。

找好"大树"不是一件简单的事情。 有些大树，你想靠也靠不上。 没有关系，没有机缘，只是自己一厢情愿是办不到的。 但凡成大事者，都自有其高人一筹的招数，没有关系，他们设法建立关系；没有机缘，他们设法创造机缘，即便人微位卑，也有办法走向成功。

所以，常人之所以平庸，是因为他们没有高超的谋略。 某些人之所以能够出人头地，是因为他们有过人的韬略和奇招妙计。

学会"自我贴金"

当今社会，竞争越来越激烈，一个人要想使自己跻身于人才之林，得到最佳发展空间，就要学会自夸，充分地展现自己的聪明才智。

总是讲自己的缺点，讲遇到的困难，讲目前还存在的问题，对方听了会感到失望，对你也就没有太大兴趣了。 在现今的社会中，不管一个人才华再高，也需要通过各种手段使自己的才华为人所知，得到社会的承认。 如果一个人无法在巅峰期间抓住机会，大胆地、主动地推销自己的才华，而总是"藏而不露"，那就会贻误时机，等到有一天别人终于发现你时，也许你的知识和特长已经"不值钱"了。

当今社会不缺少人才，可供社会选择的人才很多。 你既然扭扭捏捏，羞羞答答，表示自己这也不行，那也不行，那么，有谁还愿意放着显而易见的能人不用，而等你慢慢发展？ 而且，既然存在着竞争，那么面对机会时，没有人愿意退出，都会同你竞争。 一旦你失去被选择的机会，别人就会捷足先登，你也无可奈何。

到现在的公司工作 4 年了，孙泽能力不差，人缘也不错，可是眼看着进公司一两年的新人，一个个都升迁了，唯独他没有丝毫动静。原因就是他虽然工作成绩不错，但不善于向上司"表功"，做同一件事，其他同事总能得到比他更高的评价。

孙泽不明白，上司为什么不亲自去看呢？而非要听下属把工作成绩描绘得像一朵花一样，那太假了吧？

孙泽没有得到晋升，在于他不懂得"自我贴金"是一种表现的方法，它既能抬高你的身价，又能使别人以你为榜样。 有了这种效果，就会使你在人群中"高人一等"，风光体面，活得"潇洒"。

一般情况下，我们不喜欢"炫耀"的人，他们为了达到某种目的而故意自夸自大，增加自己的分量，因而让人反感。但是，在竞争如此激烈、人才济济的当下，"炫耀"已成为年轻人谋生的一项本领。因为其他人也许没有时间来评价你、掂量你，或者对你评价不足，在这种情况下，你只好自我推销，突出自己的才华。

其实，在现实生活中，这种行为很普遍。在现代职业生涯中，人也成为一种商品，每个人的身价都不同。身价太低，别人看不起，只有把身价提高了，才能让人刮目相看！所以，在有些情况下，要适时自抬身价，可以适当地夸大你目前所干的事情，夸大自己的能力和成就，这样对方才会觉得认识你很荣幸，才愿意与你交往。

也许有人认为这种行为有失厚道，并不值得宣扬。但是应该承认，在现实中，比起顽固的老实态度，它确实更能使我们前进的道路通畅，帮助我们走得更快更远。所以说，为了自己的前程，不能太呆板，必要的时候也换一下态度试试贴金术。

低头的是稻穗

刚入职场的年轻人，大都怀着满腔热血，揣着远大抱负，想轰轰烈烈地干一番事业。然而，纷繁的现实世界往往会令他们手足无措。面对坎坷、荆棘和生活道路上横生的障碍，理想者则傲气不敛，小觑或无视生活有意无意设置的低矮"门框"，其结果只能失意而归，成为一个失败者。

人生道路上有数不尽的门槛，有时甚至还有人为的障碍，我们可能要不停地碰壁，或伏地而行。若一味地讲"骨气"，到头来，不但被拒之门外，而且会输得一败涂地。学会低头，巧妙地穿过人生荆棘，既是人生进步的一种策略和智慧，也是人生立身处世必不可少的一种胸襟。

掌握低头的艺术，懂得低头，敢于低头。生命的负载过多，那就低一低头，卸去那份多余的沉重。犯错了，也要学会"低头"。只有学会低头，才能正视自己的错误，拥有谦逊的美德，是人生一笔宝贵的财富。

学会低头，是人生立身处世的风度和修养。学会低头，就要不喧闹、不矫揉、不造作、不招人嫌、不招人嫉，才华横溢也要学会藏拙。民间有句谚语："低头的是稻穗，昂头的是稗子。"越成熟越饱满的稻穗，头垂得越低。只有那些稗子，才会显摆招摇，高傲得不可一世。

芝加哥大学历史上最年轻的校长，30岁的帕金斯，有人怀疑他那么年轻是不是能胜任大学校长的职位。听完这话，他开口说道："一个30岁的人所知道的是那么少，需要依赖他助手的地方是那么的多。"就这短短一句话，消除了人们的疑虑。

人们往往喜欢争强好胜，或者努力地证明自己是有特殊才干的人，然而，一个真正有能力的领袖是不会张扬的，所谓

"自谦则人必服，自夸则人必疑"就是这个道理。

"高处不胜寒"，当你的事业愈大、地位愈高时，更要学会低头。一个人越懂得谦虚恭敬，就越能拉近彼此之间的距离，而且也越容易加强彼此的沟通与交流，使对方对你产生好感。

涉世之初的年轻人，心高气傲，凡事喜欢坚持己见，对于年长者尤其不肯拉下脸来讨教，也有人认为向人讨教很失礼。作为年长者而言，总是特别赏识向自己讨教的人。"对不起，又有件事想麻烦您。"他们听了这句话，心里会十分高兴。

所以，想要尽快熟悉工作环境，就要找前辈商量事情或请教某事。"关于此事，我想向您请教一番"，这是最有效的途径。即使是关于工作上的秘诀，但凡受人央求指导时，几乎没有人会这么说："真讨厌，要求过分！"毕竟，比起"求教于人"，很多人更愿意赐教。

想要做好一件事情，就得以一种低姿态出现在对方面前，表现得谦虚、平和、朴实、憨厚，甚至愚笨、毕恭毕敬，让对方有一种优越感。当事情明显有利于你的时候，对方也会不自觉地以一种高姿态来对待你，好像要让着你似的，更不会斤斤计较。

其实，学会低头是为了让对方从心理上感到一种满足，使他愿意合作。越是表面谦虚、非常机灵的人，越能表现出大智若愚来，他们使对方陶醉在自我感觉良好的气氛中，如此，工作就会很顺利。

别急着当老大

　　谁都想功成名就，谁都想出人头地。 可是这个世界上能干事的人不少，成大业的却不多，造成这种情况的原因包括主客观两方面。 既要有良好的社会背景、千载难逢的机遇，也要有智商、有文化、有修养等。 其中，容忍是必不可少的。

　　很多初涉职场的年轻人，努力把自己最优秀的一面展现出来，殊不知，太过锋芒毕露反而会给同事和领导留下激进的印象。 争强好胜，还动不动来个"抢跑"，这么做往往会适得其反。 过早地卷入竞争，就会过早地暴露自己的实力，同时也会暴露出自己的缺陷，陷入被动局面，并且很可能会因为升迁之争而提早出局。

　　刚进公司，不要太急于将自己所学的、所会的全部展现出来。 应适当保存实力，保持低姿态，以谦虚的态度多多学习前辈的经验，累积自己的实力，厚积薄发。 过早地争权夺利，受到挫败是小事，若因经验不够丰富或者实力不够强大而惨遭淘汰，才是最致命的打击。

　　　罗伟因表现出色，终于进入了这家向往已久的公司，罗伟觉得是大展拳脚的时候了，因为他有别人渴望的一切条件。因此，日常工作罗伟非常积极，认为只要把自己的才能和实力都展现出来，就能赢得大家的赞赏和认可。

面对升迁的机会，罗伟更加努力，处处争先，希望争取到这个机会。可是，罗伟落选了，周围的同事偷着乐，领导则说罗伟太急于求成了。

无知者无畏，刚走上工作岗位的新人大都急不可耐地想要把自己的创新想法说出来，赢得掌声。可事实上，你的想法难免有些漏洞或者脱离实际之处，急于求成反而会导致同事的不满。

郝军是学企划的，他很幸运，刚毕业便被招聘进一家大型国有单位从事企划工作。他所在的企划部门里共8个人，从主管到科员，只有郝军学过专门的企划。郝军自然意气风发，一系列高效率、高质量、高创意的"企划"，掩盖了同事的才华。大家嫉妒郝军的才华，厌恶他心高气傲的行为，他们一起对外放风声，说郝军是个理论脱离实际、没有一点实践经验的人，他的企划方案没有操作性，只是纸上谈兵，如果按照他做的企划安排工作，将对企业发展造成重大损失。于是，经理、总经理都认为郝军是一个没有实用价值的人。

面对这种情形，郝军在单位一直不得志，最后只好辞去工作另谋出路去了。

纵使你才华横溢，可客观环境却还不成熟时，千万不要强出头。 所谓客观环境是指天时和人势，天时是大环境的条件，人势是同事之间的关系，也就是一种人气。 人势如果不利，以本身的能力强出头，也可能成功，但会多花很大力气；如果缺少人势，而你偏要强出头，必会遭到别人的打击排挤，造成更大的伤害。

因此，刚进公司时必须尽快熟悉"圈子"里的人和事。 平时最好保持沉默，不要争强好胜，用谦虚诚恳的低姿态向同事学习业务知识。

以低姿态进入，你可以静看别人如何巩固、维持他的地位，他的成功与失败，都可作为你的经验和指导。 可趁此机会增强自己的实力，等待时机。

这样做不仅能避免不必要的伤害，而且能保持和他人和谐共处的关系。 这样可以透过冷静的观察，掌握大环境的趋势，等到各方面的条件都成熟时，就可以展现自己的才华了！

金字塔要一层一层爬

说起成功，更多是强调要有一种勇往直前的精神，一种积极进取的精神。 然而，有时候一味地硬冲硬打未必是好的方法，以退为进才是一种人生策略。

处于金字塔顶端的那些人，我们只要去研究他们的攀爬经历就会发现：他们也有过坎坷和屈辱，有过"低人一等"的经历，只不过他们积蓄了力量，比常人付出了更多的努力，尔后才攀上人生的高峰。

有这样一篇报道：一位大学生在校时成绩很好，大家对他的期望也很高，认为他必有一番了不起的成就。

他的确成功了，但不是在政府机关或是大公司里，而是卖虾仔面卖出了成就。他毕业后，得知家附近的夜市有一个摊位要转让，考虑到还没有工作，他就向家人"借钱"，把它买了下来。由于喜欢烹饪，他便自己当老板，卖起虾仔面来。他的大学生身份曾招来很多不以为然的眼光，但却也为他招来了不少生意，他自己也没有丝毫的不满和怨言。

他的生意越来越好，已在全国开了十几家分店，取得了不俗的成就。

这位大学生如果不去卖虾仔面或许也很有成就，但他能放下身段，这是很令人佩服的。 我们不一定要卖虾仔面，但在必要的时候，也需要有他这样的勇气。

现代社会，竞争日趋激烈，真可谓"千军万马过独木桥"，挤得过去就是赢家，挤不过去，轻则落伍，重则落水。但不挤更不行，只有去拼搏，才有希望。 千万不要站在岸上摆架子，错失了大好良机。 因此，即使你真是高人一筹，也要放低身段、放下学历、放下背景，踏踏实实地、谦虚地向他人学习。 只有这样，为人处世才能顺利一些。

维斯卡亚公司是世界上著名的机械制造公司，史蒂芬是哈佛大学机械制造专业的高才生，却被该公司拒之门外。于是，史蒂芬采取了一个特殊的策略——假装自己一无所长。他先找到公司人事部，表示愿意进行无偿工作，公司便分派他去打扫车间里的废铁屑。一年中，史蒂芬勤勤恳恳地做着自己的本职工作，虽然得到老板及工人们的好感，但却没有正式录用他的意思。

20世纪90年代初，公司面临考验，客户都不愿与公司合作，理由均是产品质量问题。公司董事会为了挽救颓势，召开紧急会议商议对策，但没有丝毫进展。史蒂芬闯入会议室，提出要见总经理。在会议上，史蒂芬对这一问题出现的原因进行了详细的说明，随后拿出了自己对产品的改造设计图。

总经理及董事会的董事很是惊讶史蒂芬的言行，便询问他的背景以及现状，史蒂芬当即被聘为公司负责生产技术问题的副总经理。

原来，史蒂芬利用清扫工到处走动的特点，细心察看了公司各部门的生产情况，并一一作了记录，发现了存在的技术性问题并努力寻找对策。他花了近一年的时间搞设计，获得了大量的统计数据，为最后一展才干奠定了基础。

如果一个人总是昂着头，就难免有眼高手低、撞破头或摔跟头的时候。而如果能放低姿态，就可以避免这种情况，因为自己先倒下了，别人就无法使你再跌倒，而放下身段正可以无声无息地做别人想不到的事情。

现代社会中，一个人要想成功，若以高姿态来要求，你很少会抓到成功的机遇。但如果你换一种方式，以低姿态进入，蓄势待发，就会抓住机遇。比尔·盖茨曾忠告青年人，当你不甚如意，在最高层找不到属于自己的位置时，不妨先耐住寂寞，向下走一走。这一走，说不定还会越走越开阔，找到自己的舞台空间。每个人都要经历蜕变，关键看你的勇气够不够。

退一步海阔天空

古人说："退一步海阔天空。"尝试着退让一下，反而会获得更多的利益，拥有更加广阔的发展空间。人们常常把退让和失败、放弃、躲避等词联系在一起，给人一种消极的感觉。然而，退让却包含了很多层意义，我们可以把它看做积聚能量的过程。退让并不是从此以后就不再进攻，相反，退让是为了找准时机，从而获得更大的成功。

刚柔相济、顽强有力，这是我们追求的目标。老子认为，与其采取直线的生存方式，倒不如遵循曲线。当遇到困境时，要想顺利地向前，就必须先后退。这种做法并非是一种失败主义，而是一种以柔克刚、以退为进的策略，就像弹簧缩在一起，其间却蕴藏着巨大的力量。

龙虎寺的住持无德禅师请人来为龙虎寺画一幅壁画，突出"龙虎"的特色。

看着草稿，僧人都感觉壁画不太理想，但是又说不出所以然。无德禅师看罢之后，指点道："壁画中的龙前探身躯，而虎则是高昂虎头，威风是威风，但无法震慑人心。为什么呢？因为龙要攻击的时候，先要弯曲自己的脖子积蓄能量；而虎要攻击之前，都是弓起脊背才能发动致命一击。"僧人们频频点头称是。

禅师继续讲道："其实修道的道理也是一样的，只有先把自己的欲望收缩回来，把自己的身份放低，才会真正产生前进的动力。如果人不能韬光养晦，是很难成就大事的。"

事实上，退是另一种方式的进。暂时退却，养精蓄锐，以待时机，这样退后再进会更快、更有效、更有力。退是为了以后再进，暂时放弃某些有碍大局的目标是为了最后实现更大的成功。这种退中本身已包含了进，是十分聪明的做法。

所谓"小不忍则乱大谋"。当自己处于不利情况，或者危难之时，不妨先退让一步，利用忍耐暂时躲避。这样做，不但能避其锋芒，脱离困境，而且能把握时机，取得成功。当然，"忍字头上一把刀"，忍是以牺牲自身利益为代价，或者以故意"作践"自己为代价，脸皮薄拉不下面子来，是绝对不行的。

有些人志存高远，表面上却显得很"无能"，这正是他心高气不傲、富有忍耐力和成大事讲策略的表现。这种人往往能屈能伸，有一般人所没有的远见卓识。

朱元璋起义之初，实力最强的起义军陈友谅自集舟师，从江州直指朱元璋的属地应天，船舷千里，旌旗蔽空，气焰十分嚣张。

面对这种局面，朱元璋的手下有的主张投降，有的主张转移逃奔钟山，只有刘基怒目而视，一言不发。朱元璋见此，急忙询问："猛虎已出，如今奈何？"刘基气愤地说："凡主张投降和转移的当斩。陈友谅果如一只猛虎，若在山中，你哪能与之相斗？今既下山，此是良机怎能不战而降，不战而溃？"朱元璋问："话虽这样说，但如何乘机备战？"

"骄兵必败。陈友谅如此蔑视我们，自然认为我们投降或逃跑，他的后援必不充分。所以我们应先放弃几个地方，移走兵饷，装成逃跑的模样，再派人诈降，引其上钩，中途却设下伏兵，再派兵断其后路，叫其首尾难顾。此战可胜。"

刘基接着又道："取胜后我们再乘胜追击，还可以占领他的属地，陈友谅遭此重创，很难复原。帝王之业，在此一举，天赐良机，岂可错过？"

朱元璋听后，立即命令胡大海出兵牵制陈友谅的后路；命陈友谅老友康茂派人诈降，诱敌深入；命徐达等将领各处设伏，准备截击。

果然，陈友谅兵败，逃回西北。朱元璋收复了失地，重创陈友谅，取得了决定性的胜利。而陈友谅则因此元气大伤，从此一蹶不振。

退一步是为了进三步，甚至更多步，正如一时的低头是为了长久的抬头。 暂时的退让并不意味着卑屈和不顾人格，而是一种智者的表现。 面对僵局，智者会先退几步，以求打破僵局，为自己积蓄力量赢得时机。 智者善于把握进退的火候，把握机遇，把自己提升到一个更高的层次。

为人处世中，不能一味地进攻，尤其身处弱势时，一定要巧妙避开对方的锋芒，寻找以退为进的转机。

第三章

高情商女人的说话特征

说话不能没心眼儿

说话恰当可以让女人飞黄腾达，不恰当则可能惹祸上身，所以，有心眼儿的女人，说话时需要特别留意，可以不开口的时候就要学古人三缄其口。

比如，别人的隐私害怕你知道，你偏偏在聊天时提起，言者无心，听者有意，别人自会多想。这是说话没心眼儿的第一个表现。

她做的事别有用心，并且极力掩饰，不想为人所知，而如果被你知道了，必然对你非常不利。你如果与她向来熟悉，对她的用心知之甚深，那么她即使不能肯定你一定清楚，但终究会对你感到十分疑惑。当处于这种困难境地时，切不可向她表白说保守秘密等，倘若这样做了，就是说话没心眼儿的第二种表现。聪明的人应该装聋作哑。

她的阴谋诡计你也参与其中，还帮她执行任务，从好的方面说，你是她的心腹，从坏的方面说，你就是她的心腹之患。你从不提及，谨慎小心，不料另外有智者猜中此事，对外宣告，那她就会把你视作泄密的罪魁祸首了。你的沉默便是没心眼儿的第三种表现。你只有经常接近她，表示自己绝无二心，与此同时还要侦察到泄露秘密的人才行。

万一对方对你尚不十分信任，你却极力讨好她，对她说极深切的话，假使她采用你的话，而试行的结果又并不好，她便会怀疑你有意捉弄她。 即使试行结果很好，她也未必会对你增加好感，反而会认为她只是偶然看到，怎么能算做你的功劳呢？ 这是说话没心眼儿的第四种表现。

她犯有错误被你知道，你便不惜声援正义，直言进谏。 她本已经心存愧疚，更怕别人知道，你去揭破她，她自然更觉惭愧，进而由惭愧心生愤恨，如此，你不是多了一个冤家？ 这是说话没心眼儿的第五种表现。 所以，即使告之，也应以婉转为宜。

如果你帮助对方取得了成绩，而她是你的上司，她一定害怕名气被你夺走，内心惴惴不安。 你知道了这种情形，一定要四处宣扬，极力表示这是上司的善谋，这是上司的远见，一点儿也不要透露你曾经出了什么力。

对方不能做的事，而你认为应该做，即便是强迫也一定让她做；对于某事，对方是箭在弦上不能不发，或已骑虎难下，无法中止，但你认为这事不应该做，无论如何也要劝其中止。 像这两种情形，都是强人所难。 你这么勉强地做，原本是善意，尽一分挚友之责，心地光明，无可非议。 但事实已经如此，勉强也不会有结果。 如果你认为不该熟视无睹，不妨进言婉劝，让她自己领悟，自己去中止，这才是上策。 这样，即使她不愿接受你的劝告，你也能够见机行事，过于强求只是徒伤感情罢了。

经常表扬他人

　　某公司近年的业绩一直呈指数函数增长，许多新闻媒体对该公司业绩增长的原因十分好奇。该公司老板面对记者们的采访，只说了下面一句平淡无奇的话："我只是在职工取得成绩的时候真诚地表扬他们罢了。"

　　佛罗里达州海洋世界的驯养员们，总是在他们的逆戟鲸、海豹、海豚完成一次精彩的表演之后，奖励给它们一些鱼。高明的动物驯养师都知道，对于动物的任何一点微小的进步，都必须给予表扬。你可以讲一句话来鼓励它，可以拍一下它的脑袋，也可以给它一点好吃的东西。无疑，人对于鼓励的喜欢程度比一般动物更强，因为人是感情细腻的高等动物。如果我们对动物的每个微小进步都能做到随时嘉奖，为什么不对人采用相同的方法呢？

　　如果你经常对下属说"干得好！""太棒了！"那么，你将收到意想不到的效果。因为，这些话总能使人心甘情愿地为你做事，尤其是当你真心实意地说这些话的时候。有时，你也可以再加点"多谢了""太感谢了"之类的话语。当你感谢对方时，应该看着他的眼睛。如果他是值得感谢的，他也就值得你去看他。

　　你要及时发现下属中谁有什么样的表现值得称赞。每次你说"谢谢你"，其实就是表扬了他一次，也表示你赞许了他所做的事。当你能让人们知道你是如何感谢他们时，当你能为了一些芝麻大小的事情赞扬他们时，他们就想为你做更多的事情。这样一来，你就拥有了驾驭别人的能力。

一个人只要有一点进步就应该表扬，而且，表扬别人时不能有厌烦的情绪。正像一位名人所说的那样："我只愿意表扬他人，不愿意发现谁有什么毛病。只要是我喜欢的事，我就会竭尽全力去做。在表扬他人方面，我显得极为慷慨大度。"

开玩笑要注意尺度

和人开玩笑当然能活跃气氛，但如果玩笑不当就会引来是非，尤其是男女之间开玩笑。开玩笑一定要有度，还要分场合和对象。玩笑不能随便开，生活中有很多矛盾往往是由一句玩笑引起的。说话时留个心眼儿，不要引火上身。

在人际交往中，开个得体的玩笑，有利于创造出一个适于交际的轻松愉快的氛围，因而人们常常喜欢幽默的人。但是，如果你开玩笑开得不好，则会适得其反，伤害感情，产生矛盾。因此，女人开玩笑要特别注意尺度。

1. 玩笑开得高雅点

玩笑者的修养和思想影响着笑料的内容，内容健康、格调高雅的笑料，不仅给对方启迪和精神上的享受，也对自己有良好的影响。 钢琴家安妮·菲舍尔有一次演奏时，发现有一半座位上没有人，她对听众说："朋友们，我发现这个城市的人们都很有钱，我看到你们每个人都买了两三个座位的票。"于是听众们纷纷笑了起来。 安妮·菲舍尔无伤大雅的玩笑话使她反败为胜。

2. 开玩笑的态度要友好

与人为善，是开玩笑的一个原则。 开玩笑的过程，其实是为了交流感情，如果借着开玩笑对别人冷嘲热讽，发泄内心厌恶、不满的感情，会伤害彼此间的感情。 也许有些人不如你口齿伶俐，虽然表面上你占了上风，但会让人感觉你不懂得尊重，从而不愿与你交往。

3. 开玩笑的行为要适可而止

开玩笑除了可借助语言外，有时也能通过行为表达。 有对小夫妻，感情很好，天天都有玩笑开。 一天，丈夫摆弄鸟枪，对准妻子说："不许动，一动我就打死你！"说着扣动了扳机。结果，妻子被打成重伤。 所以，玩笑要适度。

4. 开玩笑要看对象

同样一个玩笑，女人能对女人开，却并不一定适合与男人开。 人的身份、性格、心情不同，对玩笑的承受能力也不同。

对方性格外向，能宽容忍耐，玩笑尺度稍大也能理解。 对方性格内向，喜欢琢磨言外之意，开玩笑就应慎重。 对方尽管平时生性开朗，但如果此刻心情不好，也不能随便与之开玩笑。 相反，对方性格内向，但正好喜事临门，这时开玩笑，效果会出乎意料的好。

此外，还要注意以下几点：

（1）女人和男人开玩笑忌轻佻放肆，特别忌谈男女情事。和同事、领导开的玩笑要高雅、机智、幽默、解颐助兴、乐在其中。

（2）当你和非血缘关系的男性单独相处时忌开玩笑，即便玩笑正经，也往往会引起对方反感，或者会引起旁人的猜测非议。因此，适当地保持距离是很必要的。当然，也要大方一点，不要拘谨。

（3）和残疾人开玩笑，应注意避讳。谁都不喜欢别人说自己的短处。

（4）朋友陪客时，忌和朋友开玩笑。人家已有共同的话题，气氛原本和谐，如果你突然介入与之开玩笑，转移别人的注意力，破坏大家的兴致，朋友会认为你扫他面子。

总之，女人开玩笑不能过分，尤其要分清场合和对象。

嘴下要留情，给人留有自尊

人人都有自尊心，说话时要特别注意。伤人莫伤心，伤人自尊是最不仁道的事，也违背了说话的最初本意。女人在说别人的时候，言语不要过于尖酸刻薄。

俗话说："人要脸，树要皮。"所谓"脸"，指的就是人的自尊。人如果没有自尊，那便无药可救了。失去自尊有两种情形：一种是自己失去的；另一种是叫人给毁掉的。 对前一种人，你没什么可做的，而后一种情况，你要千万注意，不少人的自尊心恰恰是被你的行为和言语毁伤的。

就拿职场上一些女老板为例，动辄就教训别人，比如："你真是个天生的笨蛋！""我要炒你鱿鱼！"等。 说出去的话犹如泼出去的水，再想恢复到原有的关系状态是十分困难的，甚至会引起职员强烈的反感。

在伤害了下属的自尊之后，下属一定会良久不忘，假如处理不当，下属心里的疙瘩便会越结越硬。 所以，女老板一定要学会说"对不起"。 还有比较好的处理方法，就是找一个关系比较好的同事，从中斡旋，自己积极地做一些努力，将矛盾化解在萌芽状态。

尊重下属，首要是尊重下属的自尊。 对于下属的尊重，还表现在"留有余地"上。 一边赞扬下属的长处，一边提出具体的疑义，不能轻易就做出绝对的判定，给自己和下属都留下点儿余地，这样可以达到沟通的目的。

尊重下属的另一表现是不轻易触及下属的致命弱点，否则，便会使其产生反抗心理或者消极心理。 因此，弱点不可触。

作为女性领导，尊重了下属，也就是尊重了你自己，同时也让下属更加尊重你。 如果忘记了尊重下属，下属便可能意志消沉，甚至"以眼还眼，以牙还牙"。 失去了下属的支持和配合，一个人怎么战斗呢？ 无论于公于私，无论于人于己，都要切记"尊重"二字。

女人必须明白，每个人的自尊心都需要被保护。 不伤害他人的自尊心不仅是尊重人格，而且对搞好事业也大有好处。 自尊心会催人上进，有上进心才会努力工作。

调查研究表明：凡是自尊心强的人，无论在什么职位上工作都能尽自己的努力而不甘落后于人。明智的女人会想方设法保护下属的自尊心。比如，注重礼貌，让下属感受到人格的平等，或使用适当的褒奖，让他们有荣誉感等等。

有人本身并不低能，但因为做错了事，会让女老板说出伤人的话。比如："你是什么东西？你以为我不知道你的老底吗？"或者说："你这种人，就是没能力！"这种话一出口，不是叫人心灰意冷，就是引起大吵大闹。

自尊心受到毁伤的程度不同，造成的结果也不同。一类是并未完全失去自尊，他还能感觉到自己受了伤害，那么，他就会记住令他受伤的人，对之产生反感、厌恶甚至仇恨。

如果这个让他受伤害的人是他的领导的话，他要么随时计划离开，要么便采取"不合作主义"。只要是你说的话，你作的指示，他统统不放在心上。这样，怎么可能把工作搞好呢？

另一类是已经全然失去自尊。他甚至感觉不到什么叫自尊心受伤害。他自暴自弃，自甘落后，以至于做了许多错事。到头来，不但工作受损，本人也毁了。

伤人自尊心是说话的大忌，女性管理者在心情不好的时候尤其要注意。

创造良好的交谈氛围

20 世纪 70 年代，心理学家亚历山大提出情境同一性原理。他指出，对于每一种社会情境或人际背景，人都有一种与之相配的最合适的行为模式，这种行为模式与其情境具有同一性，情境同一性就是由此得名的。

在与人交往的过程中，人们发现，如果彼此能达到情感共鸣的情绪感受，那么这样的交往就能使彼此的关系得到进一步的发展。而心理学家认为：在交往过程中，人与人之间感情的认同和共鸣是由于人们在某一方面有着共同的体验和感受。因此，在进行社交活动时，我们应该积极创造情境同一性。就此，以下几个小建议可以供我们参考：

1. 要创造良好的交往环境

人所处的环境包括地点、气氛等一系列因素，都会影响人的情绪。在人际交往中，选择一个舒适的、气氛融洽的环境，会使人的心情到达一个舒畅的状态，从而使我们顺利地进入交往状态。

2. 找到共同话题

共同话题能够引导对方进入自己设置的情境，或者进入对方期望的情境，这样一来，情境同一性便出现了。

3. 体会对方的情绪

人的情绪是具有波动性的，要想促进人际关系，必须在好的心情状态下，情绪不好则可能对社交产生负面影响。因此，体会对方的情绪非常必要，因为只有这样才能体谅对方，才能做到心中有数，才能做出得体适宜的反应。

4. 利用相似原理

俗话说"物以类聚，人以群分"，人们在交往时，相处和谐的对象往往跟自己有很多的共同点，并且对同类有一种潜意识的好感。因此，要努力去发现彼此的相似之处，这样一来，认可对方就不再是难事了，同时也更容易使对方接受自己，进而成功地创造情境同一性。

5. 需要塑造最利于交往的个人形象

对于对方来说，我们的个人形象同样属于外界环境中的一部分，因此，重要的事情是塑造一个最有利于交往的个人形象。具体地说，可以从这几个方面进行努力：真诚微笑，耐心倾听，恰如其分地讨论对方感兴趣的话题。

通过制造同一性的情景，一个成功的开始便形成了。如何成功地继续话题也是非常关键的。良好的交谈氛围需要激起双方谈话的热情，毕竟交谈都是双向的。如何激发对方的谈话兴趣呢？

首先，你可以问对方身上的亮点。你可以问对方"你的衣服看起来真不错，是在哪里买的？""你整个人看起来神采奕奕，有什么保养诀窍呢？"……

其次，加深谈话的层次，了解对方擅长的问题并表达学习的愿望。 比如，对方是个教育工作者，你可以对他说："目前的青少年教育起来太费力了，面对那些鬼灵精我是一点儿办法都没有。 您给我提几点可行的建议，可以吗？"

最后，不露痕迹地将你要谈的整体方案摆出来。 由于之前对方已经打开了自己的话匣子，出于对自身行为前后一致的心理需求，对方一定会给予积极的回应。

学习记者的采访技巧

有的职业社交性很强，比如记者，它要求从事该项职业的人具有让采访对象畅所欲言的能力。 那么，做好一名记者需要哪些方面的功底呢？

首先，他们会抱着"这个采访对象我很感兴趣"的心态来开展工作。 "皮格马利翁"效应是心理学上的一个典范，说的是皮格马利翁爱上了一座美丽的少女雕像，从此他每天都深情地对着雕像倾诉自己内心的爱慕，最终，雕像里走出来一位活生生的美女，因为雕像被他感动了。 当然，这只是一个传说，但就促进人际关系的发展而言，发挥很大功效的往往是"喜欢对方"。

只要你抱着"他是一位好人，我喜欢他"的想法，对方与你做一次推心置腹的交流的可能性就很大。 反之，如果你带着一种讨厌对方的情绪与对方进行交谈，两个人就不可能在情感上进行沟通，而交谈也会不欢而散。

非指示疗法和协谈中心疗法的创始人 C·R·罗杰斯曾说过："要想打开对方的心灵，就要与他进行无条件的诚意会谈，同时也能使对方对自己产生好感。"

其次，记者们的采访一般开头问询的是一些无关紧要的小事，然后再切入主题。任何情况下，你主动与人会谈肯定是为了达到一定的目的。如果一开始你就让话题直奔目标，那么对方的第一反应就可能是拒绝回答，或者做出不实的回答。

之所以会产生这样的结果，主要是因为有两大弊端存在于直奔目标的交谈方式中：一是一开始就要求对方通过仔细思考做出回答，这样会导致对方产生极大的心理压迫感，进而引发对方的抵触情绪；二是一开始就直奔自己的目的，会让对方产生一种心理阴影，觉得被你忽视了。

一旦你采用这种方式造成了彼此间的鸿沟，你就可能将局面带入窘境，哪怕你后面说得多么冠冕堂皇。所以，在见面之初，先与对方谈论与他相关的既成事实或经验的话题，然后再进一步靠拢你命定的既定目标，这样才能让你达到目的。切记，心急吃不了热豆腐。

第三，关键的问题是如何称呼对方。心理学家指出，想要快速熟络一位初次见面的朋友，称呼是关键。你最好称呼对方的姓名，而不要冠以名目众多的头衔。因为人一旦被冠上了这些头衔，就会扮演起相应的角色，该角色的地位与任务也会被特别注意，并借此掩盖起那个"真我"。而换一种方式称呼他人，就表明了对方现在已不是一位科长（经理、主任等），这样就暗示了你没有把对方的头衔考虑进来，从而解除其心理武装，还可以避免对方在谈话之后以"我不能抉择，因为某经理的意见可能是这样的"之类的托词来敷衍你。

当然，不排除有一部分人为了满足虚荣心而希望你这样称呼他。 对这种人，你不能直呼其名，而要投其所好地称呼他的头衔来满足他的虚荣心。 这样一来，一旦他的虚荣心得到满足，你与他的交流就可能会变得更为顺畅。

只要向记者学得这三招，就一定能够顺利打开对方的话匣子。

将正式场合转换为非正式场合

为了捕捉最自然的一面，有经验的摄影师常常会对对方说："好，拍完了，谢谢你的合作！"这句话就是诀窍，只有这样，才能捕捉到最自然的表情。

一般人在面对照相机的时候，心情紧张，做出的表情很僵硬，结果使心理过度紧张，表情也会更加不自然。 此刻，如果将正式的场合转换成非正式的，被拍摄者就会放下紧张忐忑的心理。 只要在这一瞬间按下快门，就可以捕捉到完美的表情：自由、自然又充满释然感。

的确，正式场合会让一个人心情紧张、压力加大，这时，人的戒备心理会非常严重，从而采用各种方式来伪装、保护自己，显得非常拘谨。 然而，紧张状态一旦得到缓解，人立刻就会轻松下来，心理也会松懈下来，从而流露出自己本色的一面。

相信你一定有过这样的经历：

在座谈会或某些聚会上，你往往会谨慎地做出表达，深思熟虑每一个字眼。然而，如果这时主办人告诉你："好了，会议到此结束，你们自由活动吧！"又或者主人说："非常感谢大家的光临！下面请大家玩得尽兴……"那么，你一定顿感轻松，自己的心声也会不由自主地吐露出来了。

由此可见，所处场合容易影响人的心理，通过有意安排非正式的空间，人们可以放松地表达心迹。

日本著名心理学家多湖辉把这样一件事公之于众：

有一位税务官去调查一位十分精明、很难对付的企业经营者。经营者的谨慎表现贯穿着整个交谈过程，几乎可以说是滴水不漏。虽然税务官明明知道他的经营存在税务方面的问题，但对于抓住他的破绽却是束手无策。

全部调查结束后，经营者终于卸下了一口气。这个时候，税务官一边喝着茶，一边若无其事地与他闲聊。他们评论墙上挂着的一幅好画时，经营者立即答道："是呀，这可是一幅难得的真迹，绝不是赝品！"露出了破绽。

就这样，经营者在税务官营造的非正式场合气氛中，不由自主地放松了警惕的心理，从而露出了马脚。

生活中，这种情况可谓屡见不鲜。由此可见，正式场合转为非正式场合是个好办法，能够放松人的心理，让人言无不尽，在不知不觉中吐露自己的心声。一般来说，你可以这样将场合进行转换：

1. 语言提示

你可以直接说"那么正式是没有必要的"，也可以说"接下来，请大家自由活动"，还可以与对方谈一些无关紧要的话题。这样一来，非正式的气氛就营造好了。

2. 注意选择交谈的环境

随意之处是进行这种交谈的好地方。

场合的不同会导致对方不同的心理状态，使其畅所欲言的前提条件就是让人心理上多些安全感。

关键时刻学会示弱

女人本就是柔弱的，学会示弱并不可耻。在适当的场合里运用示弱的技巧，可以增强女人的成功指数。工作上一种潜移默化的战术就是示弱，它可以简化问题。

现在不论是职场中的女性，还是家庭中的女性，都因为经济的独立而变得更加自信。但是，如果想让幸福陪伴一生，那么，就要充分运用女人的柔弱。女人温柔的个性需要被发扬，把巧妙的示弱技巧展现出来，从而抓住男人的心，增加女人的幸福指数。

职场中习惯了逞强的女性如果不会在特定的场合下适当示弱，不降低自己的身份，其办事的效果就会事与愿违。示弱，非但不会使别人低估你的身份，反而会赢得别人的尊重。只要掌握自强与示弱之间最合适的度，就可以得心应手地处理一切棘手的问题，让别人心甘情愿地帮助你。而这才是正确处理自强和示弱关系的精髓。

著名主持人杨澜曾在接受他人的访问时被问到这样的一个问题："是什么让您放下了庞大的文化事业？"她说："我学会了示弱，所以就轻松地放下了，聪明的女人要学会放下，因为示弱很重要。"杨澜还说："我从不吝啬哭泣，心情不好的时候，我经常会在丈夫面前哭泣。女人淡定才是美好的开始。"

小缘在大学认识了莫冬，两人大学毕业之后就决定先成家后立业。没过两年，小缘有了孩子，便没有去上班了，成了职业家庭主妇，整理家务，照顾孩子。小缘性格好强、脾气刚烈，是个女强人。既然不上班，没有用武之地，家里的活儿，诸如洗衣拖地、换煤气、粉刷墙壁等小事大事，她就全部包揽下来了。莫冬一回来，小缘就为他递上拖鞋，饭菜送到手里，放好洗澡水，然后为他洗脱下来的脏衣服，因而莫冬对家里的一切从来都不用担心。

一次大学同宿舍的姐妹约好一起吃饭，小缘将家务放下，好好打扮了一番，便带着孩子出门了。刚到了餐厅和姐妹们还没聊几句话，她就接到了莫冬打来的电话，他气势汹汹地说："你去哪里了，一个家庭妇女不在家好好待着，总是往外跑什么呀？你出去也行，把屋子打扫好了、饭做好了再走。你看看，我现在回来连下脚的地方都没有。你给我回来!"说完,莫冬就把电话挂断了。小缘无奈,只好和姐妹们说要回家,姐妹们早听到了她丈夫的抱怨,于是说道:"你就是性格太强了,什么都自己做,都成了男人的保姆了。女人是需要人疼的,你要温柔一点,有时要示弱一下,家务活你自己干不了的就让他和你一起干。他现在的理所当然就是被你给惯出来的,肯定会越来越严重。以后,你要常常装得很累很柔弱的样子,家里事多问他,让他干,这样才能过得好!"

在某些事、某些人面前适当地软弱下来,可以放松自己,这是给自己疗伤的较好方式。 女人让自己表现得再强大也只不过是表面的功夫,生理学决定了女人天生的柔弱。 细腻的温柔总会让女人因为一点小细节而感伤,她需要保护,需要关爱,即使能够展翅飞翔,也是依人的小鸟。 女人比男人多了眷恋家的心,所以适当地让自己软弱一点,让男人为我们承担起生活中的一些琐事,生活会更加幸福。

如果你是忙碌的职场女性,不敢在工作中懈怠,甚至害怕一点小马虎都会造成公司巨大的损失,因此要求各个细节都不能有丝毫的错误,那么,你"刚性"的一面就被修炼成了。 但是,工作过程中并不是"刚"就能完全解决问题,在必要的时候表现出"柔美"的一面,可能更容易解决难题。

女人在生意场上和别人打交道,总会有遇到难以解决的问题而出现僵局的时候,我们要用巧妙的方法化解矛盾。 比如,一句温柔的对不起、一次让步,便能妥善地化解矛盾。 很多时候，同样的难题人们往往会让女人出面解决，这恰恰是利用人们对示弱的女人不忍心的特点。"示弱"不是真的证明你是错误的、你失败了、你丢了面子、你失去了晋升的机会，而是潜移默化、迂回前进的战术。

示弱并不是让女人一味软弱，其中的尺度要把握好。在适当的场合下，运用示弱的技巧可以为自己解决很多难题，让女人在生活的道路上少走很多的弯路。

涵养需要时刻注意

注意涵养的女人不能让缺点长期存在，过滤掉自身的自私、自卑心理和偶尔冒出的贪恋是很有必要的，要学会让自己干净地、舒服地呈现在这个精彩的社会面前。

一个女人的衣柜里，衣服的数量可以很少、样式可以不时尚、颜色可以很统一、品牌要求可以降得很低，但一定要有质感，穿在身上要得体。首饰可以不名贵，但一定要有质感、有特点；妆容可以不用描画，但粉底一定要庄重温雅。真正追求自身涵养的女人，可以在此种环境中展现自己的朴实和纯美。

职场中注意涵养的女人，会过滤自己的思想，对所有的客户、商业规律、规则都进行深思。去伪存真，给自己制订在职场中应该遵守的原则，让客户依赖，甚至改变商业规律中不可能的事情，获取个人事业的成功。

身在交际圈，注意涵养的女人会过滤朋友，三六九等的人会按次序被筛选。 对自私自利、只能相处一次的朋友，用忍耐心去回应；对只有利益往来、表面亲热的朋友，即使合作，也是逢场作戏；对和自己共患难、一辈子交心的真正朋友，就用真心去换取真心。 为自己划清损友和良友的关系，扫清交际场所中的小人，可以减少麻烦和不快，成为真正有涵养的女人。

注意涵养的女人要学会让自己干净地、舒服地呈现在这个精彩社会的面前，任何不美好的行为都要摒除。 注意涵养的女人一定要学会从容、淡定、忍耐，这比你的娇艳容貌更讨人喜欢。 如果你是个急性子，那就要时刻提醒自己忍耐，学会急而不乱，避免冲动，要知道手忙脚乱只能使事情更加乱七八糟，学会冷静是至关重要的。 如果你性格绵软，是典型的慢性子，那就要注重思维运转能力的培养，有效率地办事是处理困难的最好捷径，加快步伐往前冲，变成有效率的人，成功也就水到渠成了。

1999 年，《法治进行时》第一次出现在观众的视野中。此后 10 年间，该节目成为北京电视台乃至全国的一档品牌栏目，而本栏目的主持人徐滔则成了人人称颂的对象，也是这个栏目获得成功的大功臣。徐滔本人的涵养直接使栏目提上了一个高度，不论是上节目还是参加各种大型晚会，庄重的黑白色或者火热的红色衣服成了她的首选。黑白配让她多了一份成熟的女人美，体现着她处事理智的态度；红色系则让她多了一份柔和，更容易让人们感觉亲近。老百姓都把她当作自己的亲友一样看待，她是好闺女，是知心姐姐，是热心阿姨。她在大众心中的地位是由她自己的涵养树立起来的——正直、大气、不拘小节，这些优良的品质让人敬仰；她的奉献、她的大度、她对社会的那份简单又实在的爱，让人们每每谈到她时，都不禁慨叹称赞，这也是她得到的最大收获。

大卫·汉生曾经说过："真正有学识、有涵养的人，是不会刻意炫耀自己的。"一个人如果有涵养，那他对待别人也会充满尊敬，始终表现得彬彬有礼，不会在别人面前做出一副高高在上的样子。如果一个人没有涵养，那么一点小成就就能让他飘起来，无视别人的能力，蔑视别人的成果。其实，良好的礼貌和处事风度是一个有涵养的女人必须掌握的待人技巧，万事都要先设身处地地为他人着想，细节往往决定一切。

真正注意涵养的女人要把握小细节，但不能刻意虚伪。说小心翼翼的客套话，这是自我的贬低。你或许不需要有多么高深的学问打基础，也不需要显耀的家庭背景做陪衬，更不必依赖好运气的光顾，只要大方地表达出一份真诚、一份无私的爱、一份暖暖的情谊就足够了。要时刻明白，有涵养的女人就如一缕春季的清风，让人宠辱不惊，温暖人们的心扉，让人们更加愉快，而自己也会更幸福。

女人最重要的美便是涵养，拥有智慧的女人一定会注意自己的涵养。大多数女人总是追求美丽，却不知这是次要的东西。只有时刻注意自己涵养的女人才能让别人赏心悦目，她们从不需要跟随潮流的脚步，也不需要在名贵的化妆品前停留，因为涵养会给予她们独特的美丽。所以，塑造自己的涵养，可以使自己成为一杯醇香美酒，让人久久陶醉。

女人得理要学会让人

俗话说："让人非我弱，退步自然宽。"女人应该让自己宽容、大度一些，尤其是面对特殊情况的时候，在得理的情况下，不要揪住别人不放，为彼此保留一份面子，以理相让，解除与对方的隔阂，最后往往会皆大欢喜。

有些女人得理时便趾高气扬地对别人进行一番贬低，好像谁都不如自己，这就无形中树立了敌人，让对方本来认错的心态变成了仇恨。对方因你得理不饶人放弃了道歉的做法，甚至会为了和你争夺利益、报复你而设下各种陷阱，到头来，两败俱伤。所以，任何事情，即使得理也要让人，这不仅体现出了自己的一份大度，也能得到对方的感谢。

以理相让并不是懦弱，而是坦诚地为别人打开一扇宽容的窗户，让对方可以轻松地透口气，同时也让自己有了活跃的空间，毕竟后退一步才能海阔天空。反之，得理不让人的女人则把自己的后路堵死了。

得理不让人的女人仅仅看到自己有理的一面，从不考虑他人的感受，只顾随着自己的情绪张牙舞爪地讽刺别人。这种在别人的伤口上大把撒盐的行为同时也是在为自己制造新的麻烦，最终造成隔阂，引发不必要的冲突。这种类型的女人目光短浅，没有远见，遇事宁可损人不利己，也不愿做出丝毫的妥协去实现双赢。

小嘉当会计不到半年，月底查账的时候因为算错了一个小数点，给公司造成了很大的损失。董事长为此降了女经理的职，女经理愤愤不平，便找小嘉发泄情绪。小嘉因为自己的错误觉得很愧疚，于是默默地站在那里接受女经理的指责，女经理见此越发有了精神，越说越难听，小嘉终于因为忍受不了女经理的话而哭了起来。其他同事实在看不过去了，赶忙把女经理推回了办公室，但自尊心受到严重伤害的小嘉还是决定辞职走人。结果，同事们纷纷议论女经理的为人，她得理不饶人的性格，使其在同事心中的地位急剧下降。

中国有句俗语："有理也要让三分，得饶人处且饶人。"小嘉缺少工作经验，犯了一次错误，需要他人的理解和鼓励。女经理发泄情绪本就不是明智之举，她还以恶语伤人，这就更加不妥了。伤害他人即是伤害自己，既然一切措施都不能挽回坏的局面，不妨多鼓励一下新人，做一个得理让人的女领导。

有人说："以势服人口，以理服人心。"得理时做到服人心，才是女人处世的睿智。女人在冲突中占据优势时千万别忘了"得饶人处且饶人"的道理，就事论事，不要进行人身攻击，切忌评论对方的人品和短处，否则矛盾一旦升级，就会造成不可弥补的伤害。得理饶人的女人是大众喜欢交往的对象，温柔而不软弱、通达而不世故、细心而不拘泥的优点，始终能征服大众的心。

大事讲原则，小事讲变通

原则性强、办事灵活，能兼备这二者的女人一定是个优秀的女人，这种人能给人留下极好的印象，能够担当大任。

生活中有很多事情需要女人单独应对，遵循原则性是处理问题的大方向，但也不能忽视灵活性的作用，两者缺一不可。极品女人为了达到自己的目的，要学会应用很多对策，但大事上坚持原则是永恒不变的。至于小事上学会变通，则让女人在小事面前不苛刻，一切棘手的事情都能得到完美地处理。

斯迈尔斯说："一个没有原则和意志的人就像一艘没有舵和罗盘的船，会随着风的变化而随时改变自己的方向。"面对事情如果不能坚持自己的原则，那么别人的一点小建议都能使你改变想法，改变处理问题的策略。这样的女人凡事都没有自己的方向，生活变得一团糟，犹如断线的风筝随风飘动，由此，人也显得更为愚蠢。

做事没有原则的女人，多半是因为她们心中没有方向，或者她们总是被人左右，方向随着别人的观点不断地变化，结果什么事情都是由别人安排的。有一些女人心中有方向，但从不向人提起，自顾自地做自己的事情。这样的女人虽然很能干，但却很难得到别人的尊重，大家最多在表面上敷衍她一番，而在心里总是把她分在一般朋友的范围内。这样的女人不能担当大任，别人更不会把重要的事情托付给她。

有一些女人习惯于某一种想法，凡事不会变通，判断事情要么黑，要么白，没有弹性，生活中少了丰富的可能性，也就难以享受生活路途中隐藏的种种惊喜。在充满不定性的处事环境中，想要取得求生的出路，就要懂得随机应变，并且保持原则不变，用更加巧妙的方法完善原则。在处理事情的策略上，只要大方向不变，探访不同的小径，迂回转弯，或许会意外地发现一片奇异的风景。在一个不断变化的事情上，随着事情的发展状态灵活应对，采取各种巧妙的措施，可以使女人成为把握事情发展方向的领导者。

孙婷在一家公司当总经理，最近负责公司内部选拔部门经理的工作，大家都纷纷向她示好。小宁家庭条件很优越，这次机会很难得，于是她想方设法地要登上部门经理的宝座。为了能让孙婷多考虑自己，小宁便买了一双香奈尔品牌的高跟鞋送给孙婷。面对漂亮鞋子的诱惑，孙婷坚持了原则，委婉地拒绝了对方。她表示，如果小宁表现优秀，自然会得到上司的青睐，但是这么名贵的鞋子绝对不能收。为此，小宁十分佩服孙婷。后来，有一次公司派小宁去上海出差，而小宁的妈妈突然生病住院，需要人照顾。小宁向孙婷说明自己不能出差的原因，孙婷在得知情况后便改派他人，她善解人意、灵活处事的品格让小宁钦佩不已。

哪个女人不想穿上名贵的高跟鞋呢？然而，孙婷却坚持原则没有收取小宁的礼物。而且，在小宁因为妈妈生病不能出差的事情上，孙婷也表现得十分通情达理。 可以说，孙婷做到了在大事情上坚持原则，小事情上随机变通。 时间久了，同事们对她的印象自然越来越好！

能将原则性强、办事灵活两者巧妙结合的女人能够担当大任。 要想做成功的女人，更应该在大事上坚持原则，小事上灵活变通，尽显自己的领导者风范。 空谈原则的女人只会让人觉得迂腐，没有内容的原则只会变成没有原则，没有原则自然就没有方向。

女人处事的最佳方法就是大事上坚持原则、小事上学会变通，这二者兼顾的女人可以骄傲地挺立在职场，其自信与独立总是能够得到人们的信任，生活也会因此而变得多姿多彩。

第四章

高情商女人能管理好自己的情绪

高情商可以轻易地操控情绪

说到操控情绪，女人都会忍不住地说："控制情绪实在是太难了。"说完这话你就已经输了。 成功的女人绝对不会让这种想法出现。 她们会时刻鼓励自己："我一定能走出情绪的低谷，现在就来考验我吧！"有了这句话，她们会马上调整心态，迈出低谷的大门。

人的情绪都是变化无常的。

懂得正确掌控情绪的女人，可以很快地找到属于自己的快乐。

第一，要找出情绪低落的原因。 心情烦闷、有心事的时候，找出使自己情绪低落的原因，对症下药，合理改善自己的情绪。

张颖心在一家网络公司做职员，她待人一向和蔼可亲。可是，最近她对同事和丈夫很暴躁，原来，是工作中的一个失误导致她忧心忡忡。"虽然经理已经告诉我不用担心了，但是我心里仍对此感到焦虑。"

将内心的忧虑说出来以后，张颖心发现事情并没有她想象的那么糟糕。知道自己不良情绪的根源后，她在工作上努力地弥补自己的过失。后来，她由于工作很出色得到了领导的信任，内心的焦虑也消失了。

第二，要尊重情绪变化的规律。罗伯特·塞伊是加州大学心理学教授，他曾这样说过："许多人情绪变化无常都怪罪是外界导致我们这样的，却忽视了自身的原因。比如，我们所吃的食物就会对我们的健康水平及精力和情绪带来波动。"

塞伊教授做过这样的实验：他对 125 名实验者的情绪和体温变化在规定的时间内进行了观察。他从中发现，当人们的体温在正常范围内时，只要他们的心情好，体温就会上升，他们的心情越好，精力就越充沛。塞伊教授发现，一个人的精力往往在早上处于高峰，中午则会下降。而精力最差的时候最容易被琐事影响心情。意思就是说，一天之计在于晨，早餐最重要；要想确保心情愉快，就应该养成一些好的饮食习惯：按时就餐，每天喝六至八杯水，因为脱水会导致疲劳；避免喝一些带糖的咖啡，它们可能会使你兴奋。最新实验表明，各种水果、稻米、杂粮都会使人心境平和、感觉舒畅，可见富含碳水化合物的食物可以改变我们的情绪。

第三，要学会放松。经调查显示，放松自己的方式有很多种。著名歌手弗·拉卡斯特说："每当我心情沮丧、抑郁时，亲近大自然可以使心情豁然开朗。"她时常从事园林工作，在与那些花草树木的接触中，烦恼都烟消云散了。如果你没有时间做户外活动，可以到阳台上眺望一下青草绿树，这样也会改变你的情绪。

健身运动也是有效调节坏心情的方法。即使你只散步十分钟，也会对你的坏心情有所调节。

研究人员发现，健身运动能使身体产生一系列的生理变化，这是比药物来得更快的办法，对身体是非常有益处的，比如跑步、体操、骑车、游泳和其他有一定强度的有氧运动。 如果运动完再洗个热水澡，效果会更加明显。

第四，换个角度看问题。 不要对生活抱着非常极端的态度。 只要你能站在另外一个角度看问题，你将会看到，任何事都有其积极的一面。 无论生活中遇到什么问题，你都要很坦然地面对。 比如，结束一场婚姻总是很悲伤，情绪很不稳定，觉得自己很孤独，最后越来越绝望。 其实，你只要换个角度看一下，就会发现结束这场并不完美幸福的婚姻是一种解脱，自由的生活更美好。

第五，情绪转移法。 在情绪不稳定的时候把注意力、精力和兴趣转移到你所爱好的活动当中，可以改善你的情绪，避免其爆发。

最好把你的情绪转移到对你有吸引力的事情上去。 比如约朋友去咖啡厅或者 KTV。 你如果喜欢安静，可以去登山或者打球。 将不稳定的情绪转移到爱好上面，可以起到稳定情绪的作用。

高情商女人的情绪不会被男人左右

很多陷于爱情中的女人，会把男人放在主导地位，完全失去了自我控制的能力。 而成功的女人就不会失去自我，她们永远富有自信和独立。

很多情商不高的女人都认为和男人看电影、听音乐会是最享受的活动，一旦身边的男人离开了，一切都是灰暗一片。这说明她们已经失去了自我，男人已经成为她们的主导。

其实，在很多时候，我们的情绪容易受外人的影响，当爱情失败的时候，对自尊心的伤害会令我们比面临死亡更加痛苦。当我们对所爱的人失去信心的时候，情商高的人会认为这很正常。可见，情商对女人而言是很重要的，情商高的人可以从痛苦中很快地走出来。

在中国的传统教育下，女人很容易从爱情中寻找兴奋和满足；兴奋和满足感越少的女人，就越是与这种传统相联系。下定决心要从爱情中跳出来的女人，就会去找下一个爱情的替代物品，但这是件很困难的事情，因为在她们的内心深处，爱情就是她们的全部。

在男女的互相影响中，一旦女性迷失了自我，男人就会离她远去。情商高的女人明白，男人离开她的时候，是不会把她带走的。只有她自己才是心灵的所有者，没有人能够真正把她的心偷走。

在任何情况下，一个高情商的成功女人都不会把决定自我感觉的权利交给男人。但还是有些女人因为被男人抛弃而失去信心，这些女人将会失去自我，她们会觉得自己是生活的受害者。这些女人可能无法承受生活压力，总是认为受伤害的都是自己，活在自责和痛苦当中。

自找快乐的女人总会收获快乐

想要收获快乐，就要收起女人悲悲戚戚、哀哀怨怨的习惯，在这个世界上最快乐的人不是那些生下来就富有的人，也不是那些天生就聪明的人，而是懂得自己去寻找快乐、自娱自乐、苦中作乐的人。

五年前，一场意外夺去了李青丈夫的生命。从此以后，她像很多有同样遭遇的人一样，一直备受"寂寞"之苦。

她丈夫去世一个月后的一天晚上，她问朋友："我该怎么办？我怎么才能再快乐起来？"

她的焦虑源于她个人，她应该及时脱掉忧伤的外衣。朋友试着向她说明，并建议她及早建立起新的生活，寻找新的快乐。

她回答道："不，我现在已经不年轻了，而且孩子们都已经有了自己的家庭。我不相信我能再快乐起来，因为我觉得自己以后没有地方可去。"

这个可怜的母亲得了要命的自怜症，并且对治疗这种病的方法一窍不通。

"当然，"有一次朋友对她说，"你可以重建新生活，结交新朋友并培养新兴趣，以此取代过去的一切。你总不会认为自己是个需要别人同情的可怜人吧？"

由于过于自怜，她听后并没有什么反应。最后，她决定搬进已成家的女儿家里，让子女为她的快乐负责。

一次可怕的相互辱骂之后，母女反目成仇，这是一次悲痛的经历。她又搬进了儿子家，但也好不到哪里去。

有一天下午，她哭哭啼啼地说，她的家人都不要她了。最后，她的子女给了她一层公寓让她自己住。

虽然她已经 61 岁了，但在感情上，她仍然是个小孩子。殊不知，一旦她期望全世界的人都可怜她，她就永远也不会得到快乐了，因为她已变成一个令人生厌的自私女人了。

爱和友情是不会像礼物一样包装得漂漂亮亮地送到你手上的。一个人需要努力让别人喜欢，但却不能将爱、友情和美好时光当作合同来签订。

只是，我们必须了解：不能将快乐视为像救济金或施舍品一样理所当然。让我们面对事实吧！法律没有规定失去妻子（丈夫）就没有寻求快乐的权利。我们必须让自己更可爱、更受欢迎才行。

许多快乐的夫妻乘坐一艘在地中海碧波中航行的客轮度假，也有一些热恋中的年轻人。欢乐的游客之中，有一位 60 多岁、一人独旅的、笑容满面的母亲。

她，同样失去了丈夫，曾经也非常悲伤，但是有一天早上醒来，她将悲伤的外衣丢掉，投身新生活之中。丈夫一直是她生命的全部，但现在都已经成为过去了。她原本的爱好——画画，现在对她来说已经成为生活中不可或缺的一部分了。画画陪她度过了最难过的日子，而且在事业上给了她最大的报偿。

她不愿抛头露面且羞于见人，因为长久以来，她的丈夫是她生活的支柱。她既没有好看的外表，也没有钱，她在迷茫中不知道自己该去干些什么，更不知道有哪些人会接受她，并且喜欢和她为伴。

后来，她终于明白：她必须让自己被他人接受，她要自己去付出，而不是指望别人的付出。

不久，朋友们就都争相邀请她去参加晚宴了，而且她还应邀到社区活动中心开画展。她擦干眼泪换上微笑；她忙着画画；她去拜访老朋友，提醒自己表现出欢乐的样子；她谈笑风生……

她在几个月后再次登上了地中海这艘客轮。很明显，她是这艘船上最受欢迎的游客，她对待每一个人都很友好，也保持着一定的距离，避免陷入私人恩怨中，而且不会伤害到任何人。在轮船靠岸的前一天晚上，她的舱房里举行了聚会，传出阵阵欢快的笑声，她用谦逊的方式回报旅程中所有的人们。

她已经知道，如果想要得到别人的友情，就必须关心生活和奉献自己。这位女士又作了几次这样的旅行，不管走到哪里，她都能创造出良好的气氛，很受大家欢迎。

任何时候，我们都有争取快乐的权利，除了你自己，谁也无法剥夺。 快乐永远属于寻找快乐的人。 聪明的女人应该学会好好使用这项珍贵的权利，尽情享受生活的快乐。

可以"伪装"快乐

如果每天都叹息自己不如别人有钱、不如别人漂亮，你就真的会变成一个又穷又丑的女人。 要知道，心想就会事成。那些一脸阳光明媚的女人，运气都不会太坏。 当人们看到她们脸上的笑容时，也会自然地生出愉悦之情。 能给别人带来快乐的人，怎么可能不快乐呢？

当我们尝到苦涩、笑不出来的时候，咧开嘴，给别人一个微笑，我们同样也会收到无数的微笑。 当全世界都对着我们笑的时候，我们还有什么理由不快乐呢？ 卡耐基告诉我们："假装快乐，你就会真的快乐。"想一想，的确如此。

心理专家认为，假装快乐是一种快速调整情绪、获得快乐的方法，虽然治标不治本，但的确有效。 人类的身体和心理是互相影响、互相作用的整体，一些女性在生活或工作上遇到困难的时候，总是沉溺在悲伤的情绪里面无法自拔，不愿参加任何团体活动。 某种情绪还会伴有身体语言，比如，生气的时候会紧握拳头，呼吸变得很急促。 而身体语言的变化也会带动情绪的变化。 比如，强迫自己去做一些微笑的表情，假装很开心的样子，就会发现内心开始涌动欢喜，我们果真变得快乐起来，这就是身心互动原理。

　　暖兮的气质像大多数宋词里描写的一样，充满了忧郁。生活中，她的确是一个容易忧伤的女人。男友的几句无心之话会让她难受很久，甚至连领导稍稍变化的脸色，她都能迅速捕捉到，几乎每一件不太愉快的事情，都会在她的心中停留很长时间，那些哀愁总是在她的脸上挥之不去。在长期的抑郁中，连她自己都觉得喘不过气来了，人也变得很憔悴。

　　眼看妇女节快到了，向公司请了假的她不想参加公司的聚餐，还拒绝了大学舍友的聚餐邀请。说实话，暖兮也想参加，只是没有精神去参加，也不想去人那么多的地方。她看到姐妹们都愉快地去过节，觉得自己很难受，还不如一个人在家待着。

　　有一天，她有一个很重要的会议，但是看着镜子里颓废的自己，她失去了信心。她向朋友请教变得快乐和美丽的秘诀，朋友告诉她："你只要假装快乐，自己就会很快乐。"于是她照这个方法去做了。而在这个会议过程中，她的表现果然很好。

　　心理学家认为，改变一个人行为的同时也可以改变她的情绪。比如，我们看见孩子就会去逗她笑，结果孩子抿着嘴笑了笑之后，就真的开心起来了。导致一个人情绪改变的是行为，这说明我们摆脱坏情绪的方法就是在行为上先让自己快乐起来。心理学家艾克曼的最新实验表明，一个人总是想象自己进入某种情境，感受某种情绪，结果这种情绪十有八九真的会到来。 一组故意装作愤怒的实验者，由于"角色"的影响，他们的心率和体温都会上升。

汉斯·威辛吉教授认为：假装快乐虽然无法在 30 天中把一个内向的人变成一个开心的、外向的人，但却是迈向正确方向的第一步。 "你不能只坐在那里等待快乐的感觉出现；反之，你应该站起来开始学习快乐的人的动作和谈吐。"

假作真时真亦假，当我们不快乐的时候，装作很快乐吧，装久了，即使是假的，也会在不知不觉中变成真的。

倾诉可以减轻痛苦

相信大多数女人都有自己的"闺中密友"，闺密这个词听上去也特别亲切。 对于充满感性、内心世界丰富多变的女性而言，闺密的作用很大。 闺密间总是会聊一些秘密的小事，也会聚在一起发发牢骚。 而且，闺密总会毫不犹豫地代表和维护你的利益，她们总能在听到有人说一些不利于你的话时，坚决地予以制止和反驳……她们会在你哭泣的时候给你安慰，在你快乐的时候为你祝福。

闺密之间会互相开玩笑，其中的乐趣是外人无法理解的。她们也会在繁忙的工作之余互相慰藉，体会幸福生活。 闺密有着很强大的力量，无论一个女人在外面怎样坚强，在闺密面前，她都会回归自己的本来面目，最自由、最快乐。

三年前，小艾下岗了，她特别难受。在那段灰色的岁月里，小艾的丈夫并没有对她多一些体贴和安慰，每当小艾诉说内心的苦闷时，她的丈夫总会说："行了，我每天多辛苦啊！好不容易下班回家，还要听你唠叨！"

小艾有个闺密，两人原是同事，因为投缘认了姐妹，现在又一起下岗了。每当小艾心情郁闷无人诉说的时候，她就会和这位好姐妹絮叨絮叨，而她的姐妹总是真诚地安慰和鼓励她。由于对生活感到恐惧，小艾越来越看不惯丈夫了，幸好她有一个要好的闺密帮助和鼓励自己。

闺密对她说："现在的我们坚决不能让男人养活自己，我们可没有必要看男人的脸色生活。"小艾听了闺密的见解后，突然间就开窍了。后来，在这位闺密的鼓励之下，她开始经营一个卖早点的小吃店，每天都起得很早去卖早点。辛苦是必然的，但是能得到幸福也值得了。

烦恼可以倾诉出来，有些事情同样也可以讲出来，坏心情是需要发泄出来才能变好的。友谊的关键是在分享快乐的同时，还能分担一些忧愁和烦恼。不要把所有的事情都藏在心底，因为默默的自我消化是让你烦恼的根源。

放松心态，让自己慢慢平静下来，烦恼就会慢慢地消失。要不然，它会像爆发的火山一样，在顷刻之间决堤。那样，你的烦恼只会永远留在你的内心深处，无法消除。

你要用心倾听，并诚恳地接受朋友的安慰和鼓励，不要顽固偏执地坚守着那份苦恼，否则就会失去倾诉的价值。倾诉不是为了把烦恼倒给别人，而是为了让烦恼化为云烟，这才是倾诉的目的和初衷。

当一个人被心理负担压得透不过气来的时候，如果有人真诚而耐心地听他倾诉，他就会产生一种如释重负的感觉。倾诉，是缓解压抑情绪的重要手段，"一吐为快"说的就是这个道理。他会感觉到他终于被人理解了，内心有一种欣慰之感，进而使压抑感得到缓解，也会换一个角度思考问题，重新审视自己的内心世界，那些原来以为无法解决的问题也会迎刃而解。现代心理学理论把这种现象称为"心理呕吐"。美国心理学家罗杰斯认为，倾听能更加了解一个人，而对于倾诉对象来讲，心理也会跟着改变。

心理学家研究和调查表明："与同性朋友保持亲密关系，有助于女性减小压力，同时还能使心态平稳下来。"

她们能明白对方的内心所想，并且能互相安慰，因为只有女人才最了解女人。闺密是女人值得珍惜的最大的财富，是彼此的医生。你如果有这样的同性好朋友，就是很幸福的人，珍惜友谊是彼此之间更好的桥梁！

让自己成为不抱怨的人

不要一味地抱怨自身的处境，今天抱怨这个，明天抱怨那个，心里总是觉得不公平，这对于改善自身没有任何帮助。只有自己先静下心来深思一下，决心改变自己的态度，现在就实行，它才能向你的想法靠近。 一分耕耘一分收获，不要期望能在抱怨或感叹中获得改变，事情如何发展和你的行为举止是密不可分的。 事在人为，只要你努力争取，梦想终能成真。

不要抱怨你的收入不高，不要抱怨你住在破房子里，不要抱怨你空怀一身绝技没人赏识，不要抱怨你的生活不好。 现实中有太多的不如意，就算生活给你的全是垃圾，你同样能把垃圾踩在脚下，登上世界之巅。

孔雀向王后朱诺抱怨说："王后陛下，您赐给我的歌喉没有任何人喜欢听。可您看那黄莺小精灵，唱出的歌声婉转，它独占春光，风头出尽。我说这些并不是来这里无理取闹的。"

朱诺听到这些语言，重重地批评道："嫉妒的鸟儿，你赶紧住嘴，你看你脖子周围如一条七彩丝带。当你行走时，舒展的华丽羽毛就好像色彩斑斓的珠宝出现在人们面前。你是如此美丽，为什么还要嫉妒黄莺的歌声？和你相比，可能这个世界上没有任何一种鸟能像你一样受到别人的喜爱。某一种动物不可能具备世界上所有动物的优点，我赐给大家不同的天赋：鹰勇敢和高大威猛，鸽子轻盈和敏捷……大家彼此相融，各司其职。所以，我奉劝你丢掉抱怨，不然，作为惩罚，你将失去美丽的羽毛。"

抱怨的人认为自己经历了世上最大的不平，她们都很善良，但都不受欢迎。 她们往往忘记了其他人也可能同样经历过这些问题，只是心态不同，感受不同。

抱怨是每个人都会有的，它之所以不可取，是因为抱怨只会使以后的路更难走。你的抱怨不仅让别人感到难过，自己的心情也会很糟，心头的怨气不但没有减少，反而会变得更多。

常言道：与其抱怨，不如将其放下，去享受快乐。用超然豁达的心态面对一切，这样迎来的将是另一番新的景象。

高情商的女人心灵不会空虚

女人要善待自己，当你在紧张的生活中感到焦虑的时候，一定要停下脚步，聆听心底的召唤，那些小梦想一旦有机会就要使之实现。

由于现代都市生活节奏快，生活压力大，人际关系复杂，加之职场的压力，女人们尤感空虚和无所依，有的甚至出现心慌、多梦的情况。其实，人的焦虑大部分是由内心空虚所致，有的人只顾不停赶路，忘记了保养自己的心灵。所以，当都市女性感到心情焦虑不安的时候，保养好心灵是一件很必要的事情。做一做心灵的体操，让心灵深呼吸，不然，把自己陷入生活的沼泽是很不值得的。

那么，心灵不空虚的法宝是什么呢？

首先，在紧张的生活中留下一个小小的时间空隙给自己的心灵，探寻一下内心的真实想法。

　　曾经，在一家医院的化验室外有两个取化验单的肿瘤患者，两人面对面坐着等，紧张的表情一览无余，一个紧张得手心出汗，另一个双手不停地搓来搓去，生怕化验的结果是恶性的。为了缓解紧张感，其中一个人对另一个人说："如果我们真的离生命的终点近了，那么生命中的最后时光我们如何度过呢？"坐在他对面的那位患者抬起头说："如果真的发现我身体里面长的肿瘤是恶性的，我就要尽量实现我年轻时的所有梦想。我想去云南旅行，我还想去阿尔卑斯山，听说这两个地方的风景很美，以前忙于生计一直没能启程。旅行累了，我还想在家里的阳台上好好晒晒太阳，看一看自己一直心仪但没时间看的书。生活太忙碌了，我在大学的时候有读书的习惯，一走上社会就抛到脑后去了。我还想……"

　　就在这时，医生叫他们拿结果了：这个内心充满梦想的人身体里长的肿瘤果然是恶性的，而另一位则是良性的。两人分手后，良性肿瘤患者在医院进行切除手术，恶性肿瘤患者则去周游世界、晒太阳，实现自己所有的梦想。

　　一年后，在医院的走廊上他们又巧遇了，很不幸的是，那位当年切除了体内良性肿瘤的病人，因为出院后工作忙碌紧张失于调养，身体再次出现了问题。他切除的瘤非但没有根除，新的肿瘤还长了出来，恶性肿瘤不断在他的身体里面扩大，现在他每天只能无力地躺在床上。而另一个人则不同，心情舒畅身体健壮，当年的主治医生也很惊讶：怎么连健康的小麦肤色都出现在病人的皮肤上了呢，一切都证明他现在的身体和心理状况很好。

难道当年那个良性肿瘤患者没有值得实现的梦想吗？不，一定有，每个人都有自己的梦想。那么，为什么不到生命的最后时光，我们就想不起来去实现呢？最重要的是，你明白自己的梦到底蕴涵着什么吗？当你内心不断地重复着"我想去旅行，我想去一座静静的山谷享受夕阳，冥思一下"的时候，那正是你的内心在紧张与焦虑的大石下的奋力呼喊。所以，女人要善待自己。当你处于人生的拐弯处不知所措时，一定要问问自己的愿望，不要让那些小梦想永远藏在心中。对待生活要看得开、放得下，给自己一点时间，有梦想就去实现它。让放松的感觉时时光顾我们的心灵，让心灵在广阔的天空中自由呼吸，使其不再空虚，让我们彻底改变焦虑的生活。

其次，培养良好的喜好。

古人说"人无癖不可交"，意思就是一个懂得生活的人要有喜好。在生活中找一件事，无论是什么事，只要是能带来快乐的、合法、健康的，就是好事。不管是音乐、摄影、养宠物，还是集邮，只要这件事无论在什么时候都能给你带来快乐就好。爱好是女人发自内心的喜悦的源泉，通过这个爱好可以结交许多与你一样有着同样爱好的朋友和心灵相通的朋友，会让自己的生活多一份愉悦。 将自己在这份爱好中得到的快乐与他人分享，更是其乐无穷。

再次，夜半无人静读书。

读书分为两种，一种是学业、技能上的学习，另一种是获取情感上的愉悦、怡情，易中天说的"读书是为了谋心"就是这个意思。 静谧的时光，一杯茶，一本好书，足矣。 书能传达很多智者之言，和作者一起在书中做一次心灵上的沟通，焦虑紧张的内心也会随之平静如水。 人们常说，书是人类的朋友，这样理解这句话更为确切：书是使那些没有机缘见面的人感悟人生和心灵的桥梁。

所以，当你的心在日复一日的紧张生活中渐渐变得干燥而荒芜时，也许应该用文字来滋润一下你的心田了。 宁静的空间，空灵的心灵，好好照料一下自己久未关注的内心，让新的种子在心田里发芽。

亘古以来，女性们碰到的心灵问题大同小异，以前的人们也曾遇到过。 看看别人是如何解决这一问题的，你的疑惑就能得以解决。

最后，设立一个生活目标是非常必要的。

内心感到焦虑的人常常恐慌未来的走向，恐慌于不知道自己的未来会是什么样子。 与其担心自己的未来，不如从现在开始掌握自己的未来并且创造美好的生活。

当新年的钟声再次敲响之时，一位母亲面对孩子们，给他们每人拿出了一件小礼物："在新的一年中有什么样的目标，谁说得最好就把最大的礼物送给谁。"姐姐体育成绩不好，这样说："我想在新的一年中好好锻炼身体，争取取得好的体育成绩。"弟弟学习成绩不好，因此这样说："我想在新的一年中门门功课都能及格。"最后，躲在一旁的小妹妹说："有一个漂亮的笔记本我很喜欢，我已经存够一块钱了，只要我再坚持一段时间不吃糖，就可以买到它了。"听到小妹妹的话，母亲微笑着把那份最好最大的礼物送给了小妹妹，并且对另外两个孩子说："当你们还在打算的时候，她已经着手去实行了。"

没错，目标只是未来走向的一个标杆，必须真正地动手去实现它。一个小小的目标会成为内心前进的方向和动力，从此，你会为了实现它而远离焦虑和空虚。

当你感到空虚的时候，不妨静下来听一听自己内心的声音，平和地追寻我们的梦想，让我们的心灵得到充实。只有做一个有梦想并为实现梦想而努力的女人，内心才能够充实丰盈，远离焦虑。

给情绪安一个闸门

现实生活中，这样的情况可能大部分女人都会碰到：本来只是一些鸡毛蒜皮的小事，在别人看来不以为意，放在她头上就成了不得了的大事。 为此，经常损害朋友、夫妻之间的感情，同时本来能办好的一些事情也被她破坏了，甚至对个人的身心健康和事业都造成了极坏的影响。

怒气不亚于一座"活火山"，一旦爆发，伤害自己的同时更深深地伤害了他人。 很多女人也懂得其中的利害，可是一碰到事情就无法控制情绪，一遇到不顺心的事就急躁易怒，容易冲动。

你是一个情绪化的人吗？ 你是不是总是把喜怒哀乐挂在脸上，并且动不动就随意发泄不快与痛苦呢？ 你是不是也会遇到下面故事中莉莎的情况呢？

莉莎是一个脾气暴躁、容易出现情绪波动的女人，哪怕一件小事也可能使她和别人拗起来。这样一来，她与别人的接触就变得尴尬了，在公司经常与人发生矛盾，结果男友也难以忍受她的坏脾气，和她分手了。终于有一天，连她自己都觉得整个人快要崩溃了。

她打电话向朋友詹森求救。詹森向她保证："莉莎，现在可能做起来比较难，但是只要经过适当地指引，情况就会慢慢好转的。你现在要做的第一件事是让自己安静下来，好好体会生活的宁静。"

听了詹森的话，莉莎休了一个假，让自己的心情放松下来，把以前那些烦人的事情先放一放。当她稳定了一段时间之后，詹森又建议道："在你发脾气之前，一定要想一想是什么东西触怒了你。"

"你可以拥有两种思考：一种是让每件事情在你脑

海中翻腾，另外一种是顺其自然、让思绪自由发挥。"说着，詹森拿出了两个透明的刻度瓶，然后分别装进了一半刻度的清水，随后又拿出了两个塑料袋。莉莎打开袋子，白色和蓝色的玻璃球充斥其中。詹森说："当你生气的时候，就在左边的瓶里放一颗蓝色的玻璃球；当你克制住自己的时候，就在右边的瓶里放一颗白色的玻璃球。最关键的是，现在，你应该学会控制自己的情绪。如果你不试着控制自己的情绪，生活一团糟的情况还将延续。"

此后的一段时间内，遵照他的建议，莉莎严格执行。后来，在詹森的一次造访中，两个人把两个瓶中的玻璃球都捞了出来。他们同时发现，放入了蓝色玻璃球的瓶子中的水变成了蓝色。原来，这些蓝色玻璃球是詹森把水性蓝色涂料染到白色玻璃球上做成的，一旦将这些玻璃球放入水中，染料就会溶解，水就变色了。詹森借机对莉莎说："你看，原来的清水投入'坏脾气'后，也被污染了。感染到别人的肯定是你的言语举止，就像玻璃球一样。当心情不好的时候，要控制自己。否则，坏脾气一旦投射到别人身上，别人就会受到伤害，并且很难回到过去，所以，控制自己的情绪非常重要。"

后来，莉莎发现当她按照詹森的建议去做时，她真的能把事情理出头绪来了。在此之前，她一定要发泄出所有的不满和愤怒，许多麻烦就是这样造成的。

此后，有意控制情绪成了她的必修课。当詹森再次造访的时候，他惊喜地发现，溢出水来的竟是那个放白色球的瓶子！

莉莎越来越会控制自己的情绪了，慢慢地，莉莎已学会把自己当成一个有思想的旁观者了。她能够很快发现不好的矛头，在情绪失控前就及时制止。这样持续了一年，她能够控制自己的情绪了，生活因此而步入正轨，美好的生活又在向她招手了。

如果你也有和莉莎一样的问题，那学会控制自己的情绪就变得很重要了。

用疏导的方法制怒

同样是面对滔滔的洪水，禹的父亲鲧只会采取"堵"的方法，结果收效甚微，而智慧的大禹则采用"疏"的途径，成功地制伏了洪水。 其实，愤怒就像滔滔的洪水，只堵不疏会积聚愤怒的洪水，最终导致江河决口，造成毁灭性的打击，因此，要用疏导的方法来制怒。

上文已经提到，忍耐并不等于压抑。 一个人总压抑自己的怒气，他的心里会产生非常消极并带有一定侵略性的情绪。 带着这种情绪，会使语言行为失控，使人际关系和自己的情绪受到严重影响。 一旦遇到不顺心的事情，压抑已久的怒气就会瞬时爆发。 在那些勃然大怒、情绪失控的人当中，大多数人的情绪都积累了一段时间。

在一栋高档写字楼里，人们同平时一样忙碌着。这时，秘书小潘抱着一沓文件夹走进了张经理的办公室，进去的时候不小心掉了一个文件夹。小潘连声说着对不起，赶紧捡起了掉在地上的文件夹。没想到，当小潘把文件夹放到张经理办公桌上时，张经理竟怒目圆睁，把小张吓坏了。"干什么吃的？这么点事情也办不好？干不了就收拾东西走人！"张经理越说越生气，竟把一桌子的文件夹都摔到了地上。

员工都在猜测：一向比较和蔼的经理今天为什么脾气这么大，而且只是为了一件小事儿？原来，公司有一单合同没有签成，张经理的责任重大，为此他窝着一肚子的火，今天遇到这样的事，他终于把压抑着的怒气爆发出来了。

这件事后，公司给张经理安排了心理咨询。在医生的指导下，张经理在日程中加入了运动这一条目，而且每隔几天还去打打拳击，回家后也会跟妻子抱怨抱怨自己的工作，这些做法恰好有利于疏导怒气。从那之后，张经理再也没有大动肝火了。

由此可见，制怒宜疏不宜堵，有必要恰当地疏通怒气。

不要让自己被冲动所控制

1997 年的"咬耳朵"事件是拳王泰森曾制造的体坛史上最大的闹剧之一。 堂堂拳王，为什么要在比赛中采用这种极端的手段报复对手呢？

原来，在此之前，泰森为了夺得某拳击组织的金腰带，大战老将霍利菲尔德。 然而霍利菲尔德"经验丰富"，使用了各种被泰森称为"下三烂"的手段，如搂抱、头撞等，避免与泰森正面冲杀，让泰森有力使不出，输掉了比赛。 憋了一肚子气的泰森与霍利菲尔德再次交锋时，没想到这次对手故技重施，让泰森恼羞成怒。 冲动之下，泰森把霍利菲尔德的一只耳朵咬了下来。 结果泰森不仅输了比赛，还丢了尊严。

在后来的一次采访中，泰森对当年的这一举动表示了道歉："其实我是好人，但我完全控制不了自己的情绪。"

无独有偶，2010 年 8 月，"咬耳朵"事件发生在了河南省。 大致原委是：

李某带着幼子在小区门口的商店玩耍，店主也不时逗着孩子。结果店主不小心动作重了一些，孩子被店主推倒在了地上。李某见状火冒三丈，不由分说就和店主打了起来。打斗中，占下风的李某冲动之下把店主的一只耳朵咬了下来。

事后，李某因故意伤人罪获刑。他表示，自己当时确实太冲动了，后悔也来不及，只能乞求对方的原谅。

两个"咬耳朵"事件，冲动是罪魁祸首。人们常说"冲动是魔鬼"，在冲动情绪下，人们的行为是怨气的宣泄，是欲望的爆发，几乎毫无理性可言，所以，在这种状态下，人们的言行的出发点都是自身利益，很难做到公平。更为严重的是，冲动时人的肾上腺素大量分泌，直接导致行为的破坏性大大上升。所以，冲动要付出十分惨重的代价。

和愤怒、恐惧一样，冲动这种负面情绪也有很大的消极作用。但是与其他负面情绪不同，冲动一般是由其他极端的情绪所引起的，因此它的成因很复杂。要想战胜冲动，首先要对冲动的缘由进行了解，进而对症下药。

每一次经历都是一个新的机会

下面，让我们来看一个很有意思的故事：

伊塔这几天一直坐在他的地边呆呆地看着已经成熟的土豆，他的邻居安第觉得很奇怪，就问他为什么不收土豆。伊塔说："我以后再也不用受累了，我的运气好极了。有一次我正要砍倒几棵大树，忽然来了一阵飓风帮我把大树刮断了。又有一次我正要收拾地里的杂草，而天空中一个闪电就帮我把杂草全烧光了。"

"噢，你的运气太好了，那你现在看着土豆在干什么呢?"安第问。

伊塔信心满怀地说:"我在等一次地震帮我把成熟的土豆从土里面翻出来。"

这是一个和中国"守株待兔"相似的笑话。

这个笑话中的伊塔显然弄错了两件事:第一件是以为他的好运会天天出现;第二件就是认为那些好运气会自动找上门来。

其实，要想获得成功，绝对不能像伊塔那样坐等好运的降临，我们要明白好运气不会凭空而来，机会是要靠你自己去发掘创造的。

成功，有时确实要靠一些运气，但运气并不等同于机会，和机会相比，它更具有偶然性。有时，如果好运气来了，你躲也躲不掉，但机会则不同，机会往往是要靠自己去捕捉的，而非从天而降。

与男性相比，大部分女性通常更容易退缩，尤其是对于那些新鲜的工作，一般会表现得犹豫不决，因而错过那些能够为自己带来成功的机会。而那些成功女性则总想不断地创造并努力抓住每一个能够表现自己的机会，她们懂得新鲜的工作也许不能马上全部了解，但是却能够边做边学习，而且要在学习中充满信心地接受新的挑战，哪怕做错，也能获得一些新的经验。 比如，当你的上司要给你升任部门主管的机会时，那些具有成功潜力的职场女性绝不会以"我没有当主管的经验"为理由而退缩。 在职场中能否顺势而变，在机会中是否灵活应对，也是能否早日获得职场成功的关键条件之一。

好运需要自己努力，主动出击，在挑战中开拓前进并实现人生的价值。 一旦发现可能使自己成功的机会，就一定要全力以赴，坚持到底。 只有这样，好运才能时时眷顾你。 原因有以下几个方面：

第一，主动出击是抓住机遇的最佳途径。 生命中成功的机遇是珍贵的、稀缺的，甚至稍纵即逝，如果你能比具备同样条件的人更加主动，哪怕只是快一点点，也许那稍纵即逝的机遇就被你掌握了。

第二，"千里马"也应当寻找伯乐。 世界上为什么总是"千里马"多而识马的伯乐少呢？ 那是因为伯乐在明处，而"千里马"在暗处。 即使伯乐再有眼力，他的精力、智慧和时间也是有限的，坐等伯乐的发现可能会耽误你的一生。 既然人人都知道"守株待兔"是愚蠢的举动，那么我们这些"千里马"为什么要坐守"雄才"而等待伯乐呢？

第三，时间不等人。 时代在前进，一代新人换旧人，每个渴望成功的女人都应该考虑到自己追求成功所付出的时间成本。 错过一次机遇，成功也许就需要多等待几个月、几年甚至是一生。

明白了这些道理，就会让我们产生一种紧迫感，及时修改自己的处世态度，舍弃懒惰，在每次机会到来时及时主动地出击。 这样，就可以使成功离我们越来越近了。

即使是有才华的女人，也一定要选择主动进取，创造机会，而不是消极地等待好运的降临。

　　杨澜就是这样一个女人。小时候，她和普通的学生并没有什么两样，甚至在进入大学之后，她依然有一些不自信，可这一切都没有影响到她成功的人生。也许有人说，实力最重要，但是有时候机会往往比实力更加难能可贵。1990 年，杨澜在北京外国语大学英语系学习，在一次偶然的面试招聘机会中，她经过了七轮考试，从众多的应聘者中脱颖而出。她正是抓住了这次偶然的机会，才彻底改变了自己之后的人生道路。

　　此后不久，杨澜就出现在了央视舞台上。她借助《正大综艺》这个平台展现了自己独特的魅力，正是这一段时间，使杨澜获得了很多人梦想中的高知名度和关注度。1993 年年底，正大集团总裁谢国民来到北京。在一次聚会中，谢国民认为杨澜还具有很大的潜力，应该出国学习新的知识，更多地丰富自己、提高自己。对此，杨澜没有认真，甚至认为谢国民只是在和她开玩笑，而此时谢国民却表示愿意无偿地帮助她去美国留学深造。

　　正是这次聚会，正是谢国民的几句话，又一次改变了杨澜的人生轨迹。1994 年，杨澜毅然辞去央视的工作，选择了出国留学之路。在美国留学期间，她利用业余时间与上海东方电视台联合制作了《杨澜视线》这一节目，杨澜第一次以她特有的眼光看待并解读这个世界。

凭借合作四十集《杨澜视线》，杨澜成功地从单一的娱乐节目主持人过渡到复合型传媒人才。回国后，杨澜于1997年底加盟了刚刚创办不久的香港凤凰卫视中文台。1998年1月，《杨澜工作室》在凤凰卫视正式开播，为了这个节目，两年时间里，杨澜一共采访了一百二十多位名人。这两年，杨澜通过与来自多个行业不同背景的名人交流，获得了极为丰富的信息量。两年后，杨澜已经有了质的飞跃。她拥有了世界级的知名度、丰富的传媒工作经验以及大量知名人士的关系资源，对她而言，要想进军商界，所欠缺的可能只是资本而已。

在退出凤凰卫视的工作之后，杨澜短暂沉寂了一段时间。2000年3月，她突然宣布收购香港良记集团，并将其更名为阳光文化网络电视控股有限公司。通过成功地借壳上市，这个公司为杨澜融资现金近2亿港元，杨澜希望利用资本市场打造出真正属于自己的传媒帝国。恰逢此时，传媒概念在资本市场上如日中天，阳光卫视也一路走高。但就在杨澜开始创业后不久，全球经济就发生了变化，作为一家上市公司的管理高层者，杨澜感觉到了事业的压力，她几乎每天都在为公司的经营策略、企业怎么赚钱而操劳。面对国内一些主要省份电视台广告收入大幅下滑的窘境，杨澜更是感觉到了自己身上的担子有千斤重。

这一时期，由于激烈的市场竞争压力，杨澜将公司的成本大幅削减，并逐渐摆脱亏损严重的卫星电视与香港报纸出版业务，同时，为了坚持下去，她还将自己的工资减少了百分之四十，这一切都让公司的员工重拾信心。终于，经过不断努力，阳光文化在 2003 财政年度中取得了赢利，摆脱了近两年的亏损。

杨澜曾说过："每个人都在不断成长，成长历程是一个不断前进的动态过程。也许你在某个时期会达到一种平衡，但是这种平衡必然是短暂的，甚至可能转瞬即逝。而整个成长过程却是永无止境的，生活中很多事是难以预料的，甚至你身边的那个人也可能会改变。尽量把握成长中可以把握的，这才是对自己的承诺。也许我们再怎么努力也成为不了刘翔，但是我们仍然能够享受奔跑的快乐。可能有人会阻挡你的成功，但却没人能阻止你的不断成长。换句话说，这辈子你可能不能成功，但是并不代表你不能成长。"

噩梦醒来已是满园春色

每个人小时候都喜欢做游戏，做游戏的本身就是不断战胜挫折与失败而获取刺激与欢乐的过程。假如没有挫折与失败，再好的游戏也会变得没有趣味。试想，倘若人们在生活中也拥有这么一种阳光的游戏心态，那么，遇到的失败与挫折就不会显得那般沉重和压抑了。

连孩子都能如此聪明地将挫折变成一种游戏，我们这些成年人为什么不能让痛苦沮丧的心情快活起来呢？　其实，生活与游戏并无差别，只是人们在游戏中身心放松，而在生活中精神紧张罢了。　在游戏中你可以体会到打败困难的乐趣，同样，在生活中也可以将挫折视为游戏，而从中体会到积极的快乐。

　　在人的一生中失误是不可避免的，但必须认清失误的本质——失误者要清楚自己失误在哪里，而不能对自己的失误一无所知。

　　我们更不能害怕失误，因为恐惧不可能使一个人避开失误。

　　惧怕失误往往是女性常有的一种心理，也许自孩童时期起，就会有人向你灌输这种观念。　如果不能正确克服这种恐惧感，那么失误也许将会与你终生相伴了。

　　其实，对我们来说世界上并不存在失误。　看到这一说法，你可能会惊讶。　所谓失误，只不过是别人对你做某件事所表达的看法。　所以，你根本没有必要事事都按照别人的看法去做。只要向着你心里的目标，不断努力，那么失误就只不过是为最终获取成功而进行的一次次尝试罢了。

　　有时，我们会遇到这样一种情形：你详细设计完成了某一任务的计划，然而却由于种种原因，使你无论怎样努力都无法实现。　在这种情况下，千万不要将此事与自我价值等同起来，你只是没有完成某一件具体的任务，但这并不等于你整个人都失败了。　你只不过是在某一段时间内没有成功，你还可以不断探索新的途径，积极尝试新的方法，直到最后获得成功。

　　托尔斯泰曾经说过："想象中的恐怖要比现实中的恐怖厉

害得多。"

知道反向思维吗？ 有些时候，正面思维无法突破，反过来想一想也许能取得意想不到的效果。 同样，有时故意从不好的角度想想自己，也许能够对自己了解得更清楚、更透彻。

总之，世间没有绝对的事物，所有的好与坏、得与失、快乐与痛苦，都是相生相克的孪生体，经常相互转换。 只不过是何者为显现，何者是隐影而已。

林玲是某校的田径选手，常常代表学校参加各种比赛。

在一次全国性比赛中，她参加了 4×200 米接力赛，负责最重要的第一棒。

她拼命告诉自己，一定要建立领先优势，夺取胜利；教练也叮嘱她务必发挥出最好水平，为第二棒队友创造获胜的先机。

林玲了解教练对她的期望，知道如果第一棒不能领先，跑第二棒的同学就有可能被其他选手挡住，不能及时起跑，那将会导致他们损失十分之一秒的时间，而这十分之一秒，常常是取胜的关键。

尽管教练、同学，包括她自己，都有足够的信心取得胜利，但仍有种隐忧悄悄升起。林玲知道自己是第一跑道，基于好奇，她侧头看了一眼邻近跑道的选手，结果当她发现站在起跑点的选手是 X 校最优秀的王玉梅时，不觉倒抽了一口冷气。

王玉梅是短跑好手，林玲曾在一百米的赛道上败在她手里，而如今赛程长，她又身负重任，林玲对自己能否胜过对方毫无把握。

她越来越觉得信心大失。就在她开始沮丧得想哭、想退出的时候，王玉梅走了过来，向她伸出看似友善的手，握手的时候，王玉梅信心满怀地看着林玲，调侃地说："我先到终点等你啊！待会儿见。"

林玲原本就脆弱，再加上这番话，她顿时感觉全身的力量好像都在远离自己，剩下的只有无边无际的愤怒和软弱的身体。

她用尽力量支撑身体，在思想的挣扎中，她猛地想起教练说的一句话："若是别人想以心理优势打击你，千万别让她们如愿。"

林玲这时恍若一个将沉的溺水者终于看到了一个救生圈，她使自己逐渐地平静、稳定，不断地积蓄力量。

随着发令枪声响起，王玉梅果然一马当先。场上所有选手都落在王玉梅后面，仿佛她就是第一名，而其他的人只有争取第二名的资格。林玲也以为自己只能第二个将接力棒交给队友，便将全部精神都集中在取得第二上。林玲事后回想起比赛说："若赛程只有100米，也许我真的只能拿第二了。"但是，在最后冲刺的时候，跑在最前面的王玉梅好像突然间变得越来越慢了。

这时，林玲全速加快向前飞奔，终于超越了王玉梅，第一个将接力棒交到队友手中。当林玲越过她时，只听见她在挣扎喘气，她甚至快要停下来了。用田径场上的术语形容，就是她"烧尽"了。

比赛后，林玲已经不记得王玉梅当天的名次了，只清楚记得自己在终点线上等她的笑脸。

经过这件事，林玲明白了一个道理：即使拥有傲人的才华，要想获得最后的胜利，也必须以稳健的步伐不断地跑完整个比赛；即使你落后 100 米，你仍然有可能在终点处等她。 而每一次预计的成功当中，总是隐含着各种各样失败的小因子；同样，在失败里，可能也埋藏着成功的契机。 世间的事就是这样，没有"绝对"的定律，只有"相对"的变化。

第五章
高情商女人说话中的心理洞察术

闻声辨人心

一般来说，声音与说话者当时的心理活动关系密切。曾国藩曾经说过："人之声音，犹天地之气，轻清上浮，重浊下坠。始于丹田，发于喉，转于舌，辨于齿，出于唇，实与五音相配。取其自成一家，不必一一合调。闻声相思，其人斯在，宁必一见决英雄哉！"

闻声辨人，喜怒哀乐是重点。欣喜之声，犹如翠竹折断，其情致清脆而悦耳；愤怒之声，犹如平地轰雷，其情致豪壮而强烈；悲哀之声，犹如击破薄冰，其情致破碎而凄切；欢乐之声，犹如飞舞雪花，其情致宁静而轻婉。

春秋时期，有一位闻声辨人的高手，他就是郑国的政治家郑子产。

有一次，在他外出巡游之时，突然听到山那边传来妇女的悲怆之声。随从们面视子产，等候他的命令，准备救助，不料子产却下令立刻逮捕那位妇人。随从不敢多言，遵令而行，逮捕了那位正在丈夫新坟前哭丧的女子。人生有三大悲：少年丧父、中年丧夫、老年丧子，可见该女子的可怜。以郑子产的英明，对此女动粗是不对的，其中缘由，正是因为郑子产的闻声辨人之术。郑子产事后解释说，那妇女的哭声，没有哀伤之情，反而有恐惧的意味，故疑其中有诈。审问的结果，果然是该女子与人通奸，谋害了亲夫。

《礼记·乐礼》云："凡音之起，由人心生也。人心之动，物使之然也。感于物而动，故形于声。声相应，故生变。"通过声音就能感知事物，人的声音随着内心的变化而变化，因此说："心气之征，则声变是也。"

大多情况下，声音平和，则内心宁静；声音清亮和畅，则内心畅达；声音偏向激越，则内心渐趋兴盛；声音迟缓低沉，则内心消极郁闷；声音沙哑浑浊，则内心紧张不安；声音清脆而节奏分明，则内心诚恳坦然；声音如细水长流，则内心宽宏大量。

声音历来被古人作为考察人心的一个重要组成部分，在深入观察和研究的基础上，按照五行原理，把声音分为：

金声：指的是圆润悦耳的声音。

木声：指的是顺畅响亮的声音。

水声：指的是缓急不定的声音。

火声：指的是焦灼暴躁的声音。

土声：指的是厚实沉稳的声音。

人的声音，由于先天和后天的环境不同而相异。声音不仅在一定程度上反映着一个人的健康状况，而且还在一定程度上展现着一个人的文化品格：雅与俗、智与愚、贵与贱、富与贫等。

声音沉稳厚重、韵致远响，这是肾水充沛的表现，由此可知其人身体健壮，能胜福贵。

声音低粗而音域很广的人一般能够有所作为，较现实，成熟潇洒且适应力强。

声音沙哑的人，一般性格较粗。

声音洪亮有穿透力的人，精力充沛，有较强的艺术家气质，有情趣、热情。

说话时叽叽嘎嘎、声音很高的人，有小孩的个性。

说话时声音好像被压抑住似的人，通常喜欢挖苦他人。

讲话时声音有点低、口沫横飞的人，精力过剩，好浪漫。他们看重外表，爱好名声，同时还喜欢矫揉造作。

爱带尾音的人，有高昂的精神，若是男子，则有点偏女性化，拥有艺术家的气质。

发于喉头、止于舌齿之间的根基浅薄的声音，会给人留下虚弱颓废之感，显得中气不足，这也是一个人精神不振、身体虚弱、缺乏信心的表现。

男性高音者，为人和善，心肠好；女性高音者比较感性，大多拥有浪漫的情结，是恋爱至上者。

男中音者个性比较冷酷，慎重务实；而女中音者有情调、热情。 男中音与女中音有相互排斥的倾向。

男性声音较低者大都是人格圆满之人。 他们头脑清晰，虽然不太具有男子汉气概，却非常诚实，不会拉帮结派。 女性声音较低者讲求技术，是能够掌控对方心理活动的现代型人物。

话题暴露他人真意

　　与人交流时，语言是最重要的方式。 如果想要把某件事情阐述清楚，那么就得围绕着这件事情展开， 这就是所谓的话题。

　　在与人交谈时，有些人经常谈论自己，包括曾经的经历、自我的个性、对外界事物的看法、态度和意见等。 这类人的性格比较外向，感情鲜明而且强烈，主观意识较强，爱表现和公开自己，但虚荣心也强，他们渴望自己能够成为众人的焦点。

　　不论谈论什么话题，他们都会不由自主地把金钱扯入话题之人，往往缺乏梦想。 而这个缺乏梦想的缺点，极有可能损伤其人格。 他们太过于倾向现实主义，只知道赚大钱是自己人生的梦想，却忽视了人生中的其他东西。 他们心中潜伏着强烈的不安全感，并试图用金钱去驱走这种感觉，却往往不能如愿，反而使自己变得更加空虚。

　　在交谈时满腹牢骚、抱怨一切，多属于好完美的一类人。他们自信，凡事要求高水平、高理想，并时时在脑海中描绘完美的蓝图，如果达不到理想便开始发牢骚。 他们成天沉迷于虚幻的世界中，对现实世界中的问题则以回避的态度漠视。

　　生活中有些人极想要探听对方的情况，就不停地打听对方的消息，这是有意了解对方的缺点、期待能进一步控制对方的意思。 他们对他人的消息传闻极其感兴趣，这类人在现实生活中很难获得真正的友谊，所以他们内心极其孤独。

有些人不在乎别人的谈话，而喜欢扯出与主题毫不相干的话题，这类人的支配欲和自我表现欲都极强。

极爱畅想将来之人也是一个爱幻想之人。这类人有的能将幻想付诸行动，有的却不能。前者看重计划和发展，脚踏实地地去做，很可能会取得一番成就；后者只是停留在口头上，最终多会一事无成。

幽默与自嘲的女人心态好

从古至今，幽默作为一门语言艺术，一直被人认为只有聪明人才能驾驭，而自嘲则是幽默的最高境界。

人际交往中，处于尴尬的情境时，用自嘲来对付窘境，不仅能很容易给自己找个台阶下，还往往会产生幽默的效果。因此，它也是一种很高明的脱身手段。

自嘲只有自信者才敢使用，因为它需要自己对自己"揭短儿"。也就是要拿自身的缺点甚至生理缺陷来"开涮"，对于自己的缺点不是遮掩、躲避，反而是把它放大、夸张、剖析，然后利用巧妙的引申发挥来自圆其说，使大家一笑置之。一般来说，没有豁达、乐观、超脱、调侃的心态和宽大胸怀的人，是办不到的。

自嘲是最安全的方法，因为不会伤害旁人。你可用它来活跃谈话气氛、消除紧张；在尴尬中自找台阶，保住面子；在公共场合获得人情味；在特殊情形下含沙射影，教训一下无理取闹之人。

　　抗战胜利后，张大千先生要从上海返回四川老家。临行前好友为他设宴饯行，并邀梅兰芳等人作陪。宴会伊始，张大千被邀首席而坐。张大千就说："梅先生是君子，应坐首席。我是小人，应陪末席。"梅兰芳和众人都不明其意。于是张大千解释说："有句话'君子动口，小人动手'嘛！梅先生用口唱戏而我动手作画，理应请梅先生上座。"满堂来宾为之大笑，并请他俩并排坐于首席。张大千自嘲为小人，看似自贬，然而"醉翁之意不在酒"，既体现了张大千的豁达胸怀，又创造了宽松和谐的交谈氛围。

　　在社交中，当你身陷尴尬处境之时，借助自嘲往往能使你从中体面地脱身。在某俱乐部举行的一次招待会上，服务员不慎将啤酒洒到一位秃头的宾客头上。服务员吓得手足无措，全场人目瞪口呆。这位宾客却微笑着说："老弟，这种治疗方法是无效的。"在场的人闻声大笑，尴尬局面瞬间化解。这位宾客通过自嘲，既展示了自己的宽广胸怀，又维护了自我尊严，消除了耻辱感。

　　由此可见，恰到好处地自嘲，是一种良好的修养、一种充满魅力的交际技巧。自嘲，能制造宽松和谐的交谈氛围，能使自己活得更加轻松与洒脱，使人感受到你的可爱和人情味，有时还能更有效地维护面子，构建起新的心理平衡。

以前有个姓石的学士，有一次，他骑驴不慎摔在地上。一般人一定会不知所措，可这位石学士泰然自若地站起来说：“幸好我是石学士，若是瓦的，还不得摔成碎片？”这一句话，引得在场的人开怀大笑，自然这石学士也在笑声中化解了自己的难堪。

由此可见，对自己的某个缺点猛烈开火，自嘲容易妙趣横生。单就这份气度和勇气，别人也不会让你孤独自笑，一般会陪你笑上几声的。

一般来讲，在人际交往的过程中，知名人士在与他人打交道时，很容易让人感到他们的架子很大。不过，也可能是因为他们的紧张和压力引起的，或者是这些人还没有摸到与普通人相处的窍门。不过，此时若能拿自己开涮，就可以很好地缓解他人的压力，还能让众人觉得你很有人情味，和普通人一样，从而让他人的心里更加舒坦。

这样的例子举不胜举，比如一些相声演员、笑星或节目主持人就常以此举赢得观众的好评。其实，在生活中能做到这点的也不乏其人。

不过，需搞清楚的是，自嘲并不是自我辱骂，也不是出自己的丑，因此在运用时要把握好分寸。力求个性化、形象性并学会适当的自嘲，往往可以让自己的话语变得妙趣横生。幽默力量能认同幽默的事物。因此，真正伟大的人物不仅会笑自己，也会鼓励他人一起笑。

其实，不管你是知名人士还是默默无闻者，自嘲都能让你备受欢迎。大人物因自嘲可减轻妒意获得好名声，小人物可以苦中作乐，甚至可能因此一夜成名。

"我小的时候长得很丑，"幽默家兼演员、导演于一身的伍迪·艾伦说，"我是到长大以后才有这副面孔的。"笑自己的缺陷和干得不好的事情，都会使你变得人性化。如果你碰巧长得英俊或美丽，不妨换成你其他的不是，如果你认为自己真的没有什么缺点也不妨虚构一个。

如果你的特点、能力或成就引起了他人的妒忌和惧怕，那么，你可以试着去改变这些看法。例如，你可以说一句妙语："人无完人，我就是最好的例子。"你以取笑自己来和他人一起笑，会博得他人的喜欢和尊敬，甚至是敬佩，因为你的幽默力量证明你很有人情味。

有这样一个故事：一个人对客人夸耀自己的财富："我家无所不有。"他伸出两个指头说："我所缺少的就只有太阳和月亮了。"他还未说完，家里仆人就出来说："厨房木柴已用完。"这人又多伸出一个指头，说："缺少太阳、月亮和木柴。"

小故事中的主人借自己的尴尬困境来自嘲，使得自己潇洒地从尴尬境地中解脱出来，这不仅展示了他的豁达，更表明了他良好的心态。

"我喜欢你"促使"我了解你"，进而"我相信你"。于是，你最后应做的就是信任。当别人信任你时，你就能影响他人，使他人鞭策自己去探知自己的潜能。这也正是我们在与人沟通和积极向上时的终极目标。

还有，豁达也是幽默中蕴涵着的一种重要品质。遇事乐观，即使身陷囹圄也能看到希望，而不是整天对天长叹，愁眉不展，其宝贵的思维模式是"大不了就……"，而不是斤斤计较。多想自己不足，经常自我嘲笑，这就是豁达。

说话语速传达性格密码

一般来说，一个心理健康、感情丰富的人会因环境的不同而产生不同的语速。 同时，语言作为一套很复杂的音义结合系统，是一个特别的装置，也是用于思想交流的工具。 人在说话的过程中，心理、感情和态度也蕴涵其中。

在日常工作生活中，每个人的说话方式、语言速度都带有自己的特色。 有些人天生属于慢性子，讲话慢条斯理，再急的事情，都带有自己的特色来叙述给别人听。 有些人是急脾气，说话就像打机关枪，嘟嘟地说个不停，容不得旁人有插嘴的机会。 然而，大多数人却处于两者之间，说话语速属于中速。这些性格特征，是客观存在而且具有长期性的。

工作和生活中，我们可以更微妙地领略语速中各种复杂心理的多变性及形成。 我们可以在交谈时，从一个人的语速快慢对这个人当时的心理状态有一个很好的判断。

就大多数情况而言，讲话速度非常快的人，比较精明，性格偏外向，多为张扬型。 这类人口若悬河，善于采用多变化且顿挫的声音，且能说善道，想到什么就说什么。 当对方与别人交往时，他们就会随声附和地说："就是这样……就是这样……"

当这类人遇到和他们相同意见的表达者时，他们的性格便会显得更加鲜明。 因此，话说到投机处，就会越发滔滔不绝地继续下个话题，好像有取之不尽的"话源"似的。虽然有时话题变得零零碎碎，没有很多的关联性，他们却仍会说个不停。

一般来说，为人厚道、性格内向的人讲话时速度会很慢。这类人常会无意识地与对方保持一定的距离，而且还会用封闭式的姿势，那意味着"我不希望对方知道我的心事"以及"不想初次相见就被看穿我心中所想"，当然，也就会有所保留地说话。

内向型的人对他人怀有强烈的警戒心，而且认为让对方了解自己过多是没必要的。但是他们的内心却很温和，害怕自己的话会伤害到别人，总是经过慎重的考虑之后才开口说话，同时还担心自己的话会引起别人的敌意。

因为胆怯又容易受到伤害，并过分担心出错或承受失败，所以要使语速变慢下来以不断地调整思维、心态，也许他们觉得这是最安全的说话方式。会议上的发言也是如此，他们就像自言自语，甚至会欲言又止，不会积极主动地提出自己的建议，声音很小，而且语速缓慢。说话时，往往不是直言不讳，总是喜欢绕圈子，听的人可能会感到焦躁不安。这类人即便是被问到也不会有确切的回应，态度优柔寡断，让人觉得索然无味。

语速还是一个人说话时心理状况的微妙反映。只要平时我们对别人的语速稍加留意一下，就很容易发现对方内心的变化。如果一个人平时伶牙俐齿、口若悬河，当他面对某个人时，却突然变得吞吞吐吐、反应迟钝。在这个时候，他可能有事情没有和对方讲，或者做了亏心事，显得很没底气。

当有些人遇到言语犀利、见解独到、语气咄咄逼人的人时，或缄口沉默，或支吾其词，一副笨嘴拙舌、口讷语迟的样子，很可能这个人心里感到自卑和害怕，对自己没有信心，也可能被对方一语击中，一时难以反驳。出现此类窘境，会对自身能力的发挥有阻碍，也使对方气焰大增。

另外，控制语速可以调节心气。美国经营心理学家欧廉·尤里斯教授曾提出过令人心境平和的原则是："首先降低声音，继而放慢语速，最后向前挺直胸。"降低声音，因为声音是感情的催化剂，而冲动时会表现得更加强烈，造成不应有的后果。放慢语速，因为个人感情被掺入进来，语速就会随之变快，说话音调变高，容易引起冲动。情绪激动、语调激烈的人通常都是胸前倾，一旦胸部挺直，紧张的气氛也被淡化；而当身体前倾时，把自己的脸向对方靠近，这种讲话姿势为他人营造的是紧张的氛围，这样只会徒增愤怒。

通过语气寻找内心想法

无论你在哪个地方讲话，都要采用相应的语言，将情绪控制好，这样才能处理好各种关系。因此，语言的表达和语气密切相关，而语气比语言更带有个人感情色彩。一个人的心态和精神状况，对语气所表达的感情色彩有直接影响。谈话者会下意识地通过对发音器官的控制和使用，使语气有所不同。所以，从人们下意识说出的语气能透视出一个人的性格特点和内心想法。

1. 高声者大气

他们通常都是比较粗犷和豪爽的性格。 他们脾气暴躁易怒，易激动，为人耿直、真诚、热情，说话直言不讳，有什么就说什么，从来不会拐弯抹角。 这一类型的人多容不得自己受一点点委屈，他们会据理力争，直待真相大白。 他们有时会在紧急情况下充当先锋，起到召唤、鼓动的作用，但有时候也会在不知不觉中被人利用。

2. 坚强者刚毅

这类人多固有原则，秉持公正，是非分明。 可因为过于强烈的原则性让人觉得没有商量的余地，从而显得不善变通、太过执拗。 不过，他们还是会因秉持公正而得到别人的尊敬。他们在谈论他人的价值时，不会掺杂进自己的个人恩怨，能够做到公正无私。

3. 严厉者尖锐

这类人讲话犀利，善于争辩。 谈话时，他们一旦抓住对方讲话的"小辫子"就会不留情面地攻击，让对方哑口无言。 但因为过于着急地想找出对方弱点，他们往往忽略从总体上把握问题的关键，从而因小失大。

4. 深沉者凝重

这类人才华横溢、言辞隽永，对人情世故有深刻而准确的理解，具有很强的责任意识，比较可靠。 但因为复杂的人际关系，这类人常不会受到重用，抱负难以施展。

5. 和气者柔声

此类型的男性大多忠实厚道、胸怀宽广，有一定的宽容和忍耐力，能够广泛听取他人的意见和建议，但同时又有自己独到的见解。 他们具有同情心，常关心和谅解他人。 而此类型的女性大多比较温柔善良、善解人意，但有时候因多愁善感而会被看成软弱的代表。

6. 平畅者温顺

这类人语速平缓，性格温顺，与世无争，人缘较好。 但由于天性温和软弱，而使自己长期处于胆小怕事的境地，喜欢躲避外界的事物。 如果他们能遇上一个肯提携自己的人，在背后推他们一把，教导他们变得更加勇敢，那么，他们就会成为一个刚柔并济的人物，会有一番惊天动地的成就。

7. 细气者轻声

这类人为人处世较小心谨慎，他们具备较强的文化修养，谈吐优雅，而且总是给人以谦逊的感觉。 一般情况下，他们对他人都很尊重，所以反过来他们也会得到他人的尊重。 他们很大度，从不刻意地为难、责怪他人。 而是喜欢尝试各种途径，不断地缩短与他人之间的距离，以防止一些不必要的麻烦产生。

此外，说话语气平稳是正直性格的人；说话有气无力，语气含糊不清，是内向胆小的人；说话语气抑扬顿挫，像唱歌一样，是浪漫主义的幻想家；说话语气很冲，声音很大，是任性的人；语气低沉，说话时从牙缝深处出声，是小心怀疑的人；语气音色没有规律，是性格轻率的人。

谈话特征告诉你他人心理

大多数情况下，一个人的谈话特征是这个人本性的反映。

1. 出口没有多余的话

这类人虽然句句出口成章，但句句无赘词，交谈中总占据话题中心。 这种人并不多见，他们不会胡乱批评别人，出口的废话很少。 通常情况下，这类人头脑灵活，具有较强的工作能力。

2. 经常边说边笑的人

喜欢边说边笑的这类人性格多开朗大方，对生活并没有苛刻的要求，很注意"知足常乐"。 而且，他们极有人情味，有极好的人缘，这是他们开拓自己的事业具有的极好条件。 可惜这类人大多喜好平静的生活，缺少积极向上的精神，否则他们可以得到世界上更多的东西。 感情专一是他们的另一特点，非常珍惜爱情和婚姻，对自己最心爱的人他们会牺牲所有。

3. 讲话不正视别人

相对而坐时，不看着对方的眼睛，低着头听对方讲，偶尔抬起眼睛看一下对方，但是很快又低下了头，会发生这种情况的大多数都是女性。 这类人一般比较胆小，做事缺少魄力，没有持久力，没有活力。 这类人还有一种明显的特征，那就是意志不坚定，容易随波逐流。

4. 频繁转移视线

与别人交谈时，表面上看起来不重视对方，其实他在暗暗地观察对方，盘算如何还击。 假设这种移开视线的动作是在交谈的过程中发生的，那就表示听者觉得疲惫，没有继续听下去的想法。 如若遇到这种情况，你应趁早终止谈话，定好时间再聊。 而且双方在交谈时，视线难免会相遇，如果对方在此时急忙躲闪，那就该做下面的判断：听者的心里有难言之隐，或是有意隐瞒什么；急急避开视线，表示害怕你察觉到他的心事；听者的性格懦弱，不敢直视对方等。 当双方的视线相碰的时候，勇敢注视对方的这类人大多是刚强正直的人，他们以诚待人，不会要弄诡计，意志和自尊心很强。

5. 说话时一直盯着对方

这类人有较强的支配欲望，而多数情况下他们确实有自己的优势。 因此，只要有机会，他们便会向别人展示自己。 通常这类人具有良好的人际关系，而且只要定下目标就一定会努力去完成它。

6. 说话时喜欢摸鼻子的人

这种做法很常见，可能是由捂嘴巴的动作转变而来。 有些人会无意识地轻轻刮一下鼻子下方，也有些人用非常不明显的动作快速地碰一下鼻子。 有这类动作的人通常是为了掩饰内心的慌乱，或是想要对方的注意力有所转移。

7.谈话时情绪低落、身体疲惫、精神委靡不振

一看就知道面色不好，说起话来唉声叹气，好像快要遇到世界末日一样，希望都失去了。 这类人外在特点为：沮丧疲累、精神不振。 拥有这种表现的人，可以定为对自己早就失去了信心。 这类人常常是自寻苦恼，为一些烦琐的小事而每天忧心忡忡。 并且由于对自己失去了信心，并缺乏理智的判断力，使得工作生活混乱不堪。 上面交代好的事情，总是无法如期完成，即使如期完成，也会有很多的缺陷，还必须要大部分地修改。

8.频繁眨眼

交谈中不断地眨眼，一般都是有同情心的人，能认真听别人说话，尽其所能地去帮助别人。 如果在谈话中，眼珠滴溜溜地转动不停，而且成为一种习惯，这类人不能够集中精神听讲，而且他们的心情明暗不定，听不出对方话中的意思。 如果在交谈的时候，目不转睛地盯住对方，这类人是想让他的主张、意见得到他人的赞同，而且对自己的信心十足，对所谈之事寄予厚望。

9.说话时腿脚晃动的人

有些人总喜欢用腿或者脚尖让整个腿部颤动起来，有时候还用脚尖磕打脚尖或者以脚掌去拍打地面，但他们却总是不以为意。 这类人最明显的表现是自私，很少为他人着想，凡事从利己出发，尤其是对自己的另一半的占有欲很强，经常会无缘无故地制造一些"醋海风波"。 从这点来看，说他们有些"神经质"并不为过，他们对别人很吝啬，对自己却很舍得。

10. 自己暴露优点和缺点

一般人都不会把自己的长短之处露在外面，并唠叨个不停。 可是，世上就有冲着别人猛说自己长短的人。 从心理学上来讲，大多数诚实的人，绝不会动不动就掀开自己的"底牌"，让别人瞧个够。 而轻易地就把自己的长处和短处公之于众，一般人都不屑这样做。 这类人做事向来没有原则，很容易见异思迁，也要留心他们对上司、公司的忠诚度。 这类人常因一些小事与他人吵得不可开交。

11. 下巴朝上

一般人谈话时极少下巴朝上，因为这个动作代表侮蔑、轻视人。 下巴缩紧，给人的印象是坚毅不屈。 交谈中下巴经常朝上，就表明会出现以下的可能性：情绪不宁，没有定力，是有意表示自己和对方应平等对待；全然瞧不起对方，这类人能力一般。 如果有时会有这样的动作，可以称为"热衷于交谈"。

12. 到处炫耀

只是完成了一件小事他们却以为功劳奇大，逢人便说。 或是拿它来压人，摆出不可一世的傲态。 这类人喜欢受到他人的奉承，难以成大器。 同时，具有极强的虚荣心，毫无责任意识。

用打招呼时的特征分析他人心理

如果你在大街上走着，忽然看到前方出现一位自己的老熟人，你接下来会做什么？ 你选择上前和他打招呼，还是避开他，换一条道走开。

其实，生活中与人交往，打招呼后给人留的印象，直接影响他人对你的评判。 即使是看上去很简单的打招呼，也是我们了解别人内心的大好时机。

1. 见面握手时体现的心理特征

用力与对方握手的这类人，性格具有主动性。 握手的时候，无力地握住对方的手，表示此人有气无力，性格比较软弱。 无论是舞会还是公共场合，频频与生人握手打招呼者，具有非常旺盛的自我表现欲。 握手的时候，掌心出汗的人，大多数是因为情绪激动，内心失去平衡。 握手的时候，如果视线一直不离开对方，其目的是要使对方心里有挫败感。

2. 和对方面对面也总是不打招呼的人

如果面对同学或同事，仍不打招呼问好，说明其非常孤僻，而且极为清高。 这类人在工作与学习当中经常是孤军奋战，虽然勤奋，可往往收到的效果并不是很好。 还有一种情况是他们非常繁忙，连走路也没有时间思考。 有时候遇到熟人，仓促间忘记对方的名字了，只好把头一低继续赶路。

3.喜欢转移目光的人

这类人胆小怕事，害怕见到陌生人和进入陌生的环境，且自卑感很强，为人处世没有自信，优柔寡断。 他们喜欢轻松、诙谐的打招呼方式，这样，恐惧、紧张和防备的心理也就会消失，以便继续顺利交往下去。

4.喜欢与对方目光正面相对的人

直视对方的人在与人相处时常带有攻击的动力，想通过打招呼来探对方虚实，并暗自思量如何让对方甘拜下风，使自己的气势胜过对方，同时，也表示对别人的戒心和防卫之心。 与这类人打交道要讲究策略，首要准备是把自己保护好，不轻易暴露自己的劣势，否则将被对方看轻，随后再伺机而动。

5.女孩喜欢放"烟幕弹"

女孩子对异性产生好感的时候，常不会直视对方，即使与对方撞在一起，她们也会迅速转移自己的视线。 这时，她们其实只是放了一种烟幕弹，是在用反其道而行之的方法。

6.喜欢后退的人

打招呼时，会故意向后退步的人，或许自以为是礼貌或是谦让，但别人却会认为他们是有意拒绝自己，刻意保持距离。出现有意识地后退的现象，也许是由于他们的防卫和警戒心理，与人相处的顾忌、恐惧等。 或者想通过这种让步的方式表达谦虚，进而促进或加深交往。

7. 喜欢另辟蹊径的人

这类人很远的距离遇见熟人，不但不上前去打招呼，反而向左或向右走去，甚至转身往回走。出现这种情况是因为心虚，他们有事瞒着对方。还有一种原因是那个熟人令他厌恶透顶，一点也不想搭理对方。

多种称呼，亲疏有别

日常生活中，人们的称呼方式有许多种。比如说，已婚妇女会称自己的丈夫"我们家那口子""我丈夫""我先生""孩子他爸""××（名字）"等，从这些称呼可得知夫妇间的亲密程度。人与人日常的相处过程中，通过人们对彼此的称呼也可以揣测出双方之间的心理距离。

1. 称呼"您"

在演讲或其他场合里，听讲的人往往会记住讲师的名字，称之为"××先生"。而讲师对听众的面孔短时间内并不能认清，通常用"那位先生""您"等称呼。"您"固然表达自己对对方的尊敬，但是用语冷淡，使人觉得很疏远。如果仅是初次见面还没记住名字时可以这样称呼，如果认识很久了依然如此，则表明了此人没有进一步与对方发展下去的意图，并试图在心理上和对方保持距离，希望与对方井水不犯河水，与对方各干各的。

2. 称呼"××先生"或"××科长"等

"××先生"以及"科长""部长"的称呼，在上下级关系的交往中很常见。 称呼对方时加上头衔，使对方的地位得到了重视，也表达赞许之意，会让对方感到高兴。

有时，虽然当面以"科长""处长""主任"等官衔称呼，私下同事、部下之间却更多叫上司的"外号"。 本来很可怕的上司，一旦被取了动物或卡通人物的名字，瞬时显得可爱很多，这比称"××科长"更显得亲近，显然，称呼起了很大的作用。 同事或同等关系的人们在交往中，若仍用"先生"称呼彼此，在公司外面见到的时候仍用敬语，就表示他们心中仍有隔阂。

3. 用"那个"等指示代词称呼对方名字

有的男人会经常这样称呼与自己长年相伴的妻子。 这类男人大多为腼腆性格，不善于表达情感。 有的女人提及自己家人的时候，不说"我先生"，而是叫"孩子他爸"，即与在家时采用相同称谓，这种女人做任何事都把家庭放在首位，乐于充当贤妻良母的角色。 称呼也是人与人关系的反映，如果某人想亲近对方，常会改变称呼，以便使亲近感加深。 因此，由称呼的改变，我们可以了解对方心理的变化。

4. 直呼其名

有些女性称自己的恋人"××（名字）先生"，这表明两人关系介于朋友和恋人之间。 伴随两人的关系逐步加深，最开始称作"××先生"的人，可改称为"小×"，之后关系更深厚时，就直呼名字。 不仅恋人之间这样，在日常生活中，其他关系的人之间也是如此。 比如说，对第一次到店的顾客，店员会称之为"顾客先生"，而如果顾客对商店满意，经常来此店做客的话，店员就渐渐熟悉了客人的情况，会将他们的名字记下。 "顾客先生"和"××（名字）先生"相比，后者在心理上的距离更小，话题也更加向私人化的内容靠拢，亲近感逐步加深。 初次见面就会叫对方姓名的人，不单单把对方当成交往对象，而且想将其当成特定的个人来认识交往，可以将其看作是有好感的体现。

5. 称呼"小×"

姓前面加"小"字是很普遍的叫法，关系密切的人会称呼"小李""小王"等。 人与人越亲密，说话也就越随便，由开始的"××先生"慢慢变为"小×"，最终变为爱称。 虽然不再是年轻时的样子了，但还被人叫作"小×"的人，是由于他身上具有很强的亲和力。

用姓名取代对方的官称，是有和对方保持亲密关系的目的。 谈话之中突然叫对方名字的人，是想和对方接近、缩小心理上的距离。 由对姓的称呼改为对名的称呼是为了和对方变得更亲密。

称身份地位高于自己的人为"你""××先生"的人，心里实际上是想和对方一样受到平等的待遇。 称对方为"你小子"或"你这家伙"的人，是想进一步发展与对方的友谊或是潜意识里想要和对方建立保护与被保护的关系。

另外，在交际场合中，我们还能通过别人的自我称呼来了解他们的品行。 在工作场合中，使用"敝人"称呼自己很恰当，但是在个人谈话中也刻意这样使用，就显得过于迂腐，像是在宣告自己已是个成年人。 有这样自我称呼的人是希望别人看重自己，但是弄巧成拙，反而让人觉得很幼稚。

　　男性以"我"自称，以及女性以"人家"自称，让人感觉有些孩子气。 这类人既有稳重而亲切温和的一面，也有精明过人、心情浮躁的一面。 通常用到"本人"这个称谓的人，大多为军人和运动员，给人硬派的印象。 出人意料的是，他们本质上是胆小或害羞的，非常在意上下级关系，能够温和谦逊地对待别人。

　　常称呼自己"老子我"的这种人，偏好坦诚、率直的人际交往。 像歌手或演员一样，在对话中使用自己的名字向周围人撒娇的人很幼稚，而且也缺少社会责任感。

第六章

高情商的女人说话就是让人感觉舒服

数字是最有力的事实论据

几年前，飞机的出事概率非常高，媒体纷纷报道了这一事实。经常外出的人，可谓谈飞机色变。

一次，一位旅客前往航空公司咨询相关事宜，他幽默地对售票员说："小姐，我想乘坐飞机出行，但我担心飞机会出现事故。如果真的碰上了，这条命就没了。"

售票员不以为然地说："先生，飞机出现事故是一件非常严重的事情，这种事情太少见了。正因为这样，所以出一次事故便吓坏了旅客。其实，飞机的出事概率连百万分之一都不到，还没有中大奖的概率高呢，奖券每期都有中大奖的！难道每班飞机都会出事故吗？"

那位旅客若有所思地说："有道理。"

售票员见状继续说道："近年，有关部门对飞机失事问题进行了许多调查和安排，飞机出事概率已经相对地减少了许多，飞机比过去更安全了，确切地说，其出事比率连十亿分之一都不到。因此，乘坐飞机出行应是首选。"

售票员一席话，使那位乘客的不安全感一扫而空，面对客观的"数字"事实，该旅客痛快地订下了机票。

售票员说服旅客时所使用的方法，就是用数字说话。她以数字为依据，一针见血地打消了旅客的顾虑。这种方法值得人们学习。

数字是最有力的事实论据，人们都愿意相信。 五年前，在美国专门为企业、个人提供数字依据的公司多达 350 家，许多规模较大的公司的主要职责，就是通过市场调查，得出一些准确的数据，为领导决策提供参考。

一名出色的推销员，应该学会凭借数字的魔力，让客户在确凿的事实面前无法说不。

常州标业机械厂的推销员就是依此说服了河南密县一位开汽车跑运输的个体户，成功售出装载机。当个体户向推销员询问装载机的好处时，推销员说："现在，使用装载机的地方很多，但很少人拥有它，如果能买上一台装载机，不但不会赔钱，反而还会大赚一笔。自己不用时，可以将其出租，以市场价来看，出租一台机器每小时不低于 60 元，照这样算，一天的纯收入大约是 500 元。以此类推，只需要 8 个月，便能赚回本钱，以后不就可以赚钱了吗？而且远比你现在更赚钱。"个体户当机立断，跟常州标业机械厂的这位推销员签下了订单。

通过利用数字来达成交易，不失为一种很好的策略，其成功的关键在于能不能将数字与口才连接在一起。

在一家地毯专卖店里，一位顾客走到一块地毯前，向营业员询问价格。营业员答道："每平方米24.8元。"顾客听后随口说了句"太贵了"，转身便要离开。营业主管目睹了整个过程，走过来对顾客说："您好，我是这里的主管，事实上如果您想在您的卧室铺这块地毯，只需花1毛多钱。"顾客好奇地问："1毛多钱，这怎么可能?"主管解释道："我替您计算过了，如果您的卧室是10平方米，每平方米地毯需24.8元，地毯的实际寿命是5年，每年按365天计算，因而事实上您每天花1毛多钱就可以拥有铺有美丽地毯的卧室。"

听完主管的解释，顾客赞同地点头，立刻买下了这块地毯。

与人说话要缜密谨慎

《史记》中记载了"鲁仲连义不帝秦"的故事，具备敏锐政治洞察力的鲁仲连，凭借犀利的口才达到了说服的目的。 其中，他严密的推理起了至关重要的作用。

当时，赵都邯郸遭秦军围困，魏王暗地里派遣晋鄙将军援救赵国，可是魏国惧怕强大的秦国，所以，魏国的军队就驻扎在赵魏边界，不敢前行。魏王又派遣辛垣衍偷偷地潜入邯郸，想劝赵妥协并尊秦为帝。辛垣衍到了赵国后对平原君说："秦国之所以加紧对赵国的围攻，是因为以前齐国与秦国相互逞强称帝，但后来齐、秦相继取消帝号。齐国如今已大不如从前，势力逐渐地衰弱下来，但秦国的势力逐渐壮大，凭它在诸侯中的地位已可以称雄称霸。从这些情况来看，秦国的真正目的并非想要邯郸这座城池，而是'醉翁之意在于称帝'也。倘若，赵国能派遣使者向秦国表达尊崇之意，秦王一高兴必定放过赵国，撤去对邯郸的围攻。"平原君犹豫不决。

就在此时，鲁仲连来到了赵国，听闻秦国正在围攻赵国，且得知魏王有意让赵王奉秦王为帝，他便前去参见平原君，询问事情进展，平原君说："以赵国现在的情况怎么还敢谈战事呢？赵国的百万大军惨败于长平一役，秦军现在乘机围攻邯郸，我们能有什么办法使他们退兵呢？魏王派客将军辛垣衍劝说赵国尊崇秦国为帝，现在辛垣衍就在邯郸，我还有什么办法呢？"

鲁仲连说："起初我一直认为您是天底下最贤明的贵公子，现在我很失望。魏国的客将军辛垣衍在哪里？请让我与其会面，替您斥责他的行为，使他羞愧而返。"平原君说："那我就叫他与先生见上一面吧！"

平原君召见辛垣衍说："齐国有位先生叫鲁仲连，他本人正在我府上，我希望把他介绍给将军您。"辛垣衍说："早闻鲁仲连声名远播，他是齐国的贤德之士。我只是魏王的一个小部下，并且今日出使贵国还有要职在身，请替我谢绝鲁先生之约吧。"

平原君说："我已经告诉他将军在此地了。"辛垣衍无奈之下，只好去与鲁仲连见面。辛垣衍见到鲁仲连后便说："据我观察，几乎所有被围困在邯郸的人，都是有求于平原君的人，但从鲁先生的仪容相貌来看，并不像是有求于平原君的人。这是什么原因呢？"

鲁仲连反驳说："世人皆认为周朝隐士鲍焦因为不能自我宽恕而死，其实，这些看法是不正确的，鲍焦的真正死因，并不是为了自己，而是以死来表达对社会的抗议和不满。如果秦王称帝，暴虐地统治天下，以权术驾驭臣下，奴役百姓，那么我也会像鲍焦那样赴东海死去，而不是臣服于他。我之所以要见将军，正是想帮赵国解困。"

辛垣衍非常惊异，便问道："先生怎样才能帮助赵国呢？"鲁仲连继续说："我将说服燕、魏二国发兵援赵，而齐国、楚国也会向赵国伸出援助之手。"辛垣衍说："燕国帮助赵国这倒是有可能的，至于我的主君国魏国，则很难说，先生如何知道魏国一定会帮助赵国呢？"鲁仲连说："假使魏国看到秦王称帝的害处了，就一定会出兵救赵的。"辛垣衍问："先生认为秦国称帝有什么害处呢？"

鲁仲连借机引用典故说："以前，齐威王曾施行仁政，带领各诸侯国去朝见周天子，那时的周朝已日落西山，各诸侯国没有谁去朝拜，齐国是唯一的朝见周室的诸侯国。后来，周烈王死了，各国诸侯都前往吊丧，齐国的使者是最后一个到的。周朝大臣非常生气，斥责齐国说：'天子驾崩，各诸侯都前来吊唁，齐国是最后一个到的。'齐威王勃然大怒说：'呸！你们也不过是奴婢而已。'结果这件事成为贻笑大方的谈资。齐威王之所以在周朝天子活着的时候去朝拜他，而待周王死后却判若两人甚至唾骂他，是因为受不了周室那些过分的要求。然而，这些要求也是周朝天子本就拥有的权力，这不值得大惊小怪。"

辛垣衍说："先生应该常常见到这种情景吧？十几个奴仆跟随一个人，难道是因为他们的力量和智商比不过主人吗？不是，那是因为他们害怕主人的权力。"鲁仲连问："照此说来，秦魏之间的关系就是主仆关系了？"辛垣衍说："是的。"鲁仲连接着说："既然是这样，我有能力劝说秦王烹煮魏王并将他剁为肉泥。"

听闻此语，辛垣衍勃然大怒道："咳！先生所说的话太过分了，您怎么能让秦王把魏王煮熟剁成肉酱呢？"鲁仲连说："这有何难，听我慢慢道来。以前，鬼侯、鄂侯、文王三个人都是纣王分封的诸侯，鬼侯之女因美貌被召进宫廷，但纣王却认为该女相貌丑陋，因此，把鬼侯剁成了肉酱。鄂侯因为替鬼侯说了几句话，被纣王杀死后制成了肉干。听说这些事之后，文王只是长叹了一声，纣王就把他关了一百天，还想将其杀死。那么，为什么这些称王称帝的人，结果却沦为纣王的肉酱肉干呢？"

辛垣衍无奈地叹气说："魏国不过是秦国的奴仆，赞同秦国称帝实为无奈之举啊！"

鲁仲连这番话的目的是提醒辛垣衍，讨好有野心的帝王，是不会得到好下场的。魏王讨好秦王，最终也只会与鬼侯、鄂侯一样沦为刀下鱼肉。

　　鲁仲连接着说："夷维子跟随齐闵王去鲁国。到了鲁国，夷维子问鲁国人：'你们准备用什么样的礼节招待我们国君呢？'鲁国人说：'我们可以像对待太牢一样招待齐王。'夷维子生气地说：'你们怎么能用这样的方式招待我国国君呢？我王巡游各诸侯国，居住在各诸侯王的寝宫，各诸侯还要交出钥匙，自己带着衣服、捧着几案，在堂下伺候我王吃饭。一直待我王用膳完毕，各诸侯才能退去处理其他政务。'鲁国人听完夷维子这番话后，立刻紧闭大门，阻止他们进城。齐王没能进入鲁国，于是他想到邹国去吊唁刚死去的邹国国君，要求邹国以天子规格接待他。邹国上下都不同意齐王的要求，并威胁说，如果那样他们将伏剑自杀。"稍作停顿，鲁仲连又说道，"邹鲁两国的大臣，都很贫穷，生无厚禄，死后薄葬。齐闵王还想在他们面前施行天子之礼，自然受到冷遇，吃闭门羹。如今秦魏都兵强马壮，彼此都有称王的名分，秦国仅仅打了一次胜仗，就要称帝，由此看来，赵国、韩国、魏国的大臣还不如邹、鲁二国的臣子啊！再说秦王的野心日益膨胀，一旦称帝成霸业，势必会变更各诸侯国的臣子，将他认为没有能力的人替换下去，把职权授予他认为有才能的人，也就是他最亲近的人。秦王亲近的人又将把自己的子女和善说坏话的小妾，许配给各诸侯充当妃姬，这些人日夜在魏王面前诋毁。这样一来，魏王的皇宫里能安静下来吗？而将军您有什么方法来保障自己的安全和地位呢？"

通过缜密的逻辑和无懈可击的推理，鲁仲连成功地使辛垣衍接受了利害之辩。

猛然惊醒的辛垣衍对鲁仲连十分感激，给鲁仲连行过礼后说："起初我认为先生只是一个平凡人，现在我才发现先生足智多谋、目光深远！请让我返回魏国，我向您发誓，我再也不提尊秦为帝的事了。"

听说此事后，秦国只好退兵观望。

鲁仲连此番宏论可谓一举两得，使辛垣衍佩服得五体投地，既揭穿了秦国称帝的阴谋，又劝退了魏国的说客。

从整个劝说的精彩过程中，我们不难看出鲁仲连所使用的说服方式。 用其他诸侯国和大臣的具体实例，推及魏国与秦国间的关系，借以唤醒妥协者们的警惕和抵抗。 在推理过程中，言辞激烈、逻辑缜密，既摆事实又讲道理。 在大量的事实面前，辛垣衍再也无话可说，只有钦佩的感激之情。

古代还有很多说客的成功故事值得我们借鉴。 应用推理方法、用事实说话，只是说服别人的方法之一。 要想使自己的口才达到炉火纯青的地步，应该以古人为师，将说服他人的方法真正领悟于心。

采取举例说明维护尊严

历史上有篇优秀的辩解书，就是宋玉的《登徒子好色赋》。宋玉采取举例说明的劝说方法，使楚王相信了自己的人格，瓦解了他人的诋毁。由此可见，语言已成了一种维护自己尊严的武器，既能还自己一个清白，又能有力地还击诽谤者。

楚国大夫登徒子与宋玉不和，他在楚王面前诋毁宋玉说："宋玉相貌美丽，擅长言辞，生性好色，大王千万不要让他出入后宫。"楚王召见宋玉将登徒子的话转述了一遍。宋玉说："相貌美丽这是父母给的；擅长言辞，这是跟老师学习的结果。至于好色，臣没有这一毛病。"楚王说："如果你不好色，别人为何要以此批评你?"

宋玉从容辩道："天下的美女，没有谁能比得上楚国的女子；楚国的美女，没有谁能比得上我家乡的女子；而我家乡最美丽的姑娘，要数我邻居家的女子。从身材上讲，匀称曼妙；从身高上讲，多一分则高，低一分则矮；从肌肤上而言，面胜桃花，肤若凝脂，真可谓是恰到好处。眉如翠羽，肌如白雪，腰纤齿贝，一笑倾城。这样的女子趴在墙上窥视我三年，我都没有答应与之交往。与我相反，登徒子却十分好色。他的妻子蓬头垢面、耳朵痉挛、嘴唇外翻、牙齿参差不齐，既弯腰又驼背，走起路来还一瘸一拐的，如此丑陋的女子，登徒子还与之结为夫妇，还生有五个子女。大王应该对比得出我俩谁好色吧?"

现在，人们每提到"登徒子"一词便会想到好色之徒。由此看来，"登徒子"一词已成为好色的卑鄙小人的代名词。宋玉在《登徒子好色赋》中所描述的登徒子，实际是个热衷于在背地里诽谤他人的奸佞小人。在为自己辩白过程中，宋玉以对倾国倾城之女子毫不动心为例，说明他并不好色。又以登徒子妻子丑陋不堪，而他却和她生了五个孩子为例，反驳了登徒子诬陷他好色的说法，从而有力地反击了登徒子。

口才到底怎么定义?根据字面上的意思，或许能说出个道理。但是，就其实质而言，口才的含义非常广泛，只要能把话说得动听，把道理讲得透彻，把别人对自己的诬蔑巧妙地还给诬陷自己的人，就能证明你有一副好口才，从而赢得别人的尊重与赞赏。

说话要恰到好处

齐宣王讲究奢华已经众所皆知。

《孟子》中记载齐宣王狩猎的事，为了寻欢作乐，齐宣王曾在临淄城郊建了一个方圆四十里的猎场，专门畜养麋鹿等珍禽异兽，以供他狩猎之用。这么大的猎场，在当时的诸侯国中独一无二。即便如此，齐宣王还嫌猎场小，又恨齐国老百姓反对他建猎场。

于是他问孟子道："当年周文王的猎场方圆七十里之阔，此事当真？"

当孟子来到齐国时，立刻就知道齐宣王建猎场的事，而且听闻宣王对进入猎场的平民大肆杀戮。当齐宣王问及文王的猎场之时，他立即答道："听说是有的。"

齐王听罢，又进一步问道："果真如此，那文王的猎场是不是很大？"

"很大，但周人都觉得它不够大！"

齐宣王一听，马上说："可是我的猎场才四十里，齐国百姓却怨声载道，这是什么道理？"

孟子看到齐宣王疑惑不解烦恼的模样，便乘机进言道："文王的猎场虽有七十里，却多放养普通动物，而且与民同猎，老百姓嫌它太小，不是正常的吗？我初入齐国，先要问有什么禁忌然后才敢入内。又听说您建有四十里的猎场，倘若有人捕杀其中的猎物，罪同杀人，处以重罚。所以，虽说只有四十里，但它是一个大黑洞，立于国中，老百姓认为它大，应该不算奇怪吧？"

齐宣王听完这些话，沉思片刻，同意了孟子的话。从那以后，他不再觉得猎场小了，而是开放猎场与民同乐。

孟子的一番话为何能说服齐宣王？ 应该说，这与他善于就事论事，运用因势利导的技巧有很大关系。 孟子来齐国的目的，就是让齐宣王废旧制、开放猎场，与民同乐。 因此，把握好游说时机很重要。 恰好，齐宣王主动征询他关于文王建猎场的事。 于是，他针对齐宣王好大喜功、好讲排场的禀性，还根据齐宣王喜欢以文王为引鉴的心理，就事论事、顺水推舟，因势利导地牵出齐宣王要问的事情。 他既能顺着齐宣王的提问展开问题的讨论，又能逐步顺着话题，引出齐宣王抱怨本国老百姓嫌四十里猎场规模太大的不满情绪，将两国百姓对猎场的反应形成鲜明的对比，使齐宣王极想知道下面的答案。 至此，孟子达到了游说第一个阶段的目的。

接下来，他从容不迫地继续游说："你不是喜欢效仿古代圣王之事吗？ 但你要知道文王的七十里猎场，是与民同乐的地方，百姓认为它不够大是理所当然的！ 而你齐宣王呢？ 猎场虽只四十里，然而有'杀其麋鹿者罪同杀人'的法令，犹如一个巨大黑洞置于国中，老百姓能不怨其大吗？"齐宣王终于明白：猎场面积不在大小，而在于是否与民同乐。 于是，齐宣王欣然接受了孟子的劝说。

　　某公司老板陈先生资金周转不灵，若资金出现问题，将会直接影响公司的生意和声誉。他本想向银行贷一笔款，却碰了壁。

　　万般无奈，陈老板只好请求纺织公司董事长朱先生帮忙。朱先生非常吝啬，如果照常理推断，他不可能答应借款，不过陈老板还是想试试看。

　　陈老板深知：以常规方法向朱先生借款，绝无成功的可能。经过片刻思考后，他就下定了决心，电话告知两人见面的时间和地点。

到了约定那天，陈老板坐车到离朱先生家还有150米时提前下车，快步跑向朱先生家。

正值夏日，陈老板跑得满身大汗。朱先生见了他，便非常诧异地问："咦！陈老板怎么满身大汗啊？"

"我怕迟到，只好跑步赶路！"

"那你为什么不搭计程车呢？"

"我早就搭上公交了，不过，因为路上发生了车祸，便耽误了一些时间。但是，我又怕时间来不及，只好下车跑来了，结果跑得汗流浃背！"

"像你这样的大老板也会乘公共交通工具吗？"

"怎么？您不知道我是个吝啬之人吗？我可不舍得花钱坐出租车。坐公共汽车既便宜又方便。父母赐给我的这双脚最好了，万一时间来不及了，只要用它跑就可以，既省钱又强身，多好呀！我这种吝啬的人，不会像你们一样舍得买车的。"

陈老板已经事先调查过朱老板没有车子。

"我也很小气啊！所以，没有私家车。"朱先生谦逊地说。

"您那叫节俭，我这叫小气，人家都说我是小气鬼。"

"但是我以前都不知道您是节俭的。其实，我才真的被人认为是吝啬鬼！"

"朱先生，人不节俭无法积累资金创业，所以，人不能太慷慨。我们做事业的人，都是向银行或他人贷款来创业的，当然应该节俭，不可随意花钱啊！"

"创业者要努力创业，好报答投资人。钱财只会聚集在喜欢它、节省它的人身上……这是我的人生信条。"

这些关于节省的观点，使朱老板产生了共鸣。于是，朱老板很反常地把钱借给了陈老板。

在吝啬鬼面前要多说节约的好处，以引起对方的同感，这样才有可能办成事。 陈老板之所以成功，便在于他巧妙地运用了就事论事的方法，投其所好，借到资金挽救了公司。

当你看到有人凭借只言片语，就能够做成一件大事的时候，则应该明白这样一个道理：恰到好处的语言魅力是无穷的，如同一坛陈年美酒，越品越有味道。

注意他人的风俗习惯，言语忌讳

语言的学问博大精深，语言文化会因区域差异而有所不同，往往同样一句话，却有着多种含义。 有些人认为这是辱骂性语言，而他人却可能认为那是一种敬语，反之亦然。 所以，针对不同的人，一定要根据对方的风俗习惯、语言忌讳来说话，只有这样才能让话产生别开生面的效果。

有个浙江人带着妻子到北方去做生意。

一天，妻子对保姆说："这些衣服洗好后，要拿出去晾晾。"

由于口音问题，保姆听成了"浪浪"。"浪浪"一词在北方有辱骂的意思，保姆听了，脸上顿时出现不悦的神情。

弄清原因后，妻子出口笑骂道："堂客。""堂客"一词在江苏、浙江一带，是骂人的意思，可保姆听了后却连忙鞠躬道谢说："太太，不敢当，不敢当！"妻子再次糊涂了，一问才知道，原来在湖北等地，"堂客"是对女人的尊称。

虽说这只是生活中的一个小笑话，但它却说明了一个道理：由于各地的语言差异，每个人要切记说话谨慎，千万不能触犯他人的忌讳，否则就会破坏辛苦建立起来的人际关系。

例如，有些地方把小男孩叫做小弟弟，但对于太仓人而言，对方会认为这是在骂他；有些地方把老年男子称作老先生，可是江苏嘉定却视之为侮辱之称；安徽人称朋友的母亲为老太婆，那代表了一种尊敬，可江浙一带却极其厌恶这一称呼。

与同事相处时，更应注意每个人的语言风俗。一个规模很大的单位，有来自全国各地的同事，因此，要特别注意这一点。

有这样一例：

小赵是西北人，小王是北京人。一次两人聊得正欢，小赵注意到小王的头发，便随口说道："你头上毛长了，该理一理了。"

不料，小王听后勃然大怒："你的毛才长了呢！"两人不欢而散。

毫无疑问，其主要问题就在于小赵的一个"毛"字上。小赵的家乡把头发叫作"头毛"，他来北京的时间不长，将方言在不知不觉中说了出来。而北京人却把"毛"看作是一种侮辱性的话，像"杂毛""黄毛"等都是骂人的话，这是小王发火的原因。

由于各地的风俗不一样，以致说话上的忌讳各异。所以，在人际交往中，必须留心对方忌讳的话。如若不然，即使对方知道你是无心之谈，情有可原，但终究不免心里不痛快，因此应该特别留心。

常言道：不知者不罪。一次两次出现口误，对方认为情有可原，但如果频频出错，不免显得有些失礼。或许对方不会把你怎样，但多少会对彼此的关系产生影响。

有些语言忌讳会因性别的不同而不同，例如：你对江浙人骂一声"混账"，对方可能会认为那不是十分严重的侮辱；如果将其放到北方男人身上，或许他也不会太冒火；但是，如果用到北方女人的身上就不同了，她会把那当成奇耻大辱，必会找你理论一番。

逢人只说三分话

俗话说：逢人只说三分话，还有七分话不必对人说出。你或许会有所疑问，事无不可对人言，为何不能和盘托出呢？

其实，这也是一种自我保护。古人教导我们：守口如瓶。就是告诉大家说话要谨慎。

每个人都有许多秘密，我们或许一时冲动找人去倾诉，但如果秘密泄露出去而自取其辱，却是自找倒霉。世界是复杂的，我们"抛出一片心"未必能换取一片心。

魏晋时期的两位奇人嵇康和阮籍，他们为人处世的态度大体相同，可是结果却大不一样。嵇康被杀，阮籍却得以终老，为什么呢？就是因为前者口无遮拦，得罪了很多人，这些人一旦掌权，必处心积虑置他于死地；而阮籍懂得"口不臧否人物"，虽也放浪不羁，但得以终老。

祸从口出，是是非非的人情世故多在说话当中演绎。头脑要做人的主人，嘴巴要做人的客人。下面这段话所言极是："悟性通天的人，说出话来很微妙；智慧高超的人，说出话来很简明；品行贤能的人，说出话来很清楚；芸芸众生，说出话来很繁杂；品德较差的人，说出话来很狂妄。人在高兴状态下，容易轻许诺言；人在醉酒状态下，容易胡言乱语；人在愤怒状态下，容易恶语相加；人在忧郁状态下，容易消极；人在烦躁状态下，容易语无伦次……"一代文豪范仲淹就屡次因口祸而遭贬。

　　范仲淹少时家境清寒，辗转流离。到 26 岁时，他已在地方上干了 10 多年的小官。后经大诗人晏殊力荐，才调至京城任了个朝廷秘阁校理，这是一个校勘皇家图书的闲职。但不久范仲淹就捅了一个天大的娄子，令晏殊都目瞪口呆。

　　那是一个冬天，年轻的仁宗皇帝下诏令，将率文武百官给皇太后祝寿，并行跪拜之礼。这本是不合仪规的，但苦于太后之威，文武百官个个面面相觑，却无不噤声。谁料范仲淹不知轻重缓急，向皇上上疏直谏道："君主只应以家人之礼侍亲贺寿，不应率着百官一起朝南面来跪拜太后，这有失圣体国威，实不足为法。"仁宗以为有理，听取了范仲淹的进言，但这却让皇太后心中忌恨。晏殊也深为不安，指责范仲淹如此出言无忌，近于沽名钓誉，并会累及他人。范仲淹以一句"宁鸣而死，不默而生"回应晏殊。不久，范仲淹便被逐出京师，做了河中府通判，这是他首次遭贬。

　　但范仲淹的直谏并未因此而改变。在皇太后去世后，仁宗皇帝亲政，革除太后时的腐风弊政，严格官员任用制度，朝中气象日新。这时，仁宗还打算废除由太后做主册封的郭皇后。郭皇后靠着太后撑腰，在后宫骄横不驯，常常为争宠夺爱与嫔妃闹得鸡犬不宁，使得仁宗一怒之下欲废掉她。宰相吕夷简因曾与郭皇后有隙，故指使他人以皇后九年不育为由上书废黜之。在吕夷简的怂愿下，仁宗废后决心更坚定。废后之事一时风雨满朝，议论纷纷。范仲淹闻之，便直谏仁宗。因事情紧迫，范仲淹又去与吕夷简理论，结果吕夷简被驳得哑口无言。年轻气盛的仁宗皇帝心意已决，怒罢范仲淹。这是范仲淹因口祸第二次遭贬。

范仲淹第三次被贬仍是祸从口出。景祐二年，范仲淹因功绩显著，又调回汴京升任礼部员外郎、天章阁待制，并做了开封知府。此时的吕夷简羽毛丰满，把持朝政，任人唯亲，朝内人士多是敢怒而不敢言。范仲淹就下功夫做了个调查《百官图》，进献于仁宗皇帝，尖锐地指出官员升迁的问题，痛责吕夷简以权谋私。可老谋深算的吕夷简却来了个恶人先告状，仁宗不察，三罢范仲淹。

事过八年，直到庆历三年（1043年）春，由欧阳修力荐，"天子以仲淹众望所归拨用之"。于是，已届54岁的范仲淹又回京擢升为参知政事（副宰相）。三起三落的范仲淹依然禀性难移，壮心不已。这时，吕夷简养病赋闲在家，范仲淹与富弼、韩琦等实主朝政。很快，范仲淹就提出了一个改革方案《答手诏条陈十事》，且被允全国推行，史称"庆历新政"。然而不及一年，吕夷简再次反扑。激烈碰撞下，仁宗退缩，改革失败，并下诏解除范仲淹职务。悲愤与无奈之下，范仲淹前往邓州做知州。

坦率并不是说无论什么都能直说，有时说话太直或许就会给你招来很多祸，切忌"祸从口出"。

社会上有人唯恐天下不乱，把别人的短处和隐私、把人际间的是是非非编排得有声有色，夸大其词地逢人就说，这必然会生成怨恨的种子。

如果遇到这样的人说别人的短处时，我们姑且听听，像别人告诉我们的秘密一样，三缄其口，不可做传声筒，并且不可信以为真，更不必记在心上。如果贸然把听到的片面之言宣扬出去，十有八九会招致祸患。说出的话就像泼出去的水，是收不回来的。所以，逢人只说三分话，不然麻烦就大了。

小李是个天生藏不住话的人，话在嘴边不吐不快。于是，要是遇见观点相同的人，他就会一颗心全抛了，把秘密悉数告知对方。正是为此，他没少栽跟斗，付出的代价也是惨重的。

有一段时间，他的工作比较清闲，便与同事们闲聊。刚开始，他只是天南海北天马行空，聊来聊去似乎就对对方放松了警惕，把"逢人只说三分话，未可全抛一片心"放到脑后去了。他认为与同事们关系都比较好，没必要处处提防着。有一天，在别人说出了一个话题后，他就跟着把刚刚听到的一个消息说了出来，说过之后他也没往心里去。不久，领导就找他谈话，说是由于工作需要，要调动岗位，还说他工作能力强，此职位非他莫属。

他不知是计，还以为领导要提拔他，就高兴地答应了。可是，等他走后不久，便有人打电话告诉他，这只是个阴谋而已，意在等他走了再找他碴子，然后找借口把他调离原单位。他不相信，那位同事又提醒了一句：你得小心你的那张嘴，祸从口出，即使是最信任的朋友也不能口无遮拦啊！一语惊醒了他这个梦中人。

在如今这个现实社会，因利益纠葛，到处都有小人，而且"易退易涨山溪水，易反易覆小人心"，到处都充满了陷阱。君子在明，小人在暗，说话稍有不慎，便有被套进去任人宰割的危险。"逢人只说三分话"并非奸诈，而是一种修养，是为了避免祸从口出。说话需看对方是什么人，面对小人，你说三分真话，已为不少。

孔子曰："不得其人言，谓之失言。"面对不太了解的人，你也畅所欲言，逞一时之快，对方的反应如何呢？你自说自话，对方愿意听吗？彼此关系浅薄，你与之深谈，显出你没有修养；你不是他的净友，不配与他深谈，忠言逆耳，显出你的冒昧；不明对方的立场和主张，你偏高谈阔论，轻言更是招祸呢。

所以说，逢人只说三分话，不是不可说，只因没有说的必要！否则，祸从口出。

注意说者无心，听者有意

"说者无心，听者有意。"这就是告诉我们，说话要思考。 或许不经意间说出的一句话，就会得罪对方。

王勇受好友张明的妻子之托劝张明戒酒。一天，他
碰上张明与几个同事在一起高高兴兴地喝酒，他马上走
过去说："你看你，又在这里喝酒了！你妻子的话，你
就是不听，等下喝醉了又耍酒疯，等着老婆收拾吧！"
张明一听马上来气了，歪着眼睛瞪了王勇半天，气愤地
说："好啊！你算老几啊！我喝酒怎么啦？不关你的事！
我就是要喝！你能怎么样？"于是，他又要了更多的酒，
直喝到大醉。可想而知，一场内战在所难免。

男人最重视的就是面子，王勇当众说张明，张明当然会很
生气。 如果王勇在说话之前先思考一下，语气委婉一点，或许
会是另一种结果。

一个新到车间工作的大学生，在与车间主任的一次
谈话中说他大学期间曾到一个单位实习，该单位技术力
量极缺，只有几个工农兵大学生聊以充数。谁料想，该
车间主任正是一个工农兵大学生，且心狭多疑，最忌讳
别人轻视工农兵大学生。所以，主任就疑心这个大学生
是暗有所指，便嫉恨在心，在日后工作的各个方面都给
予他额外的"照顾"，而这个大学生却一无所知。

同样的一句话，不同的人听到了可能会有不同反应。 有的
人一笑了之，而有的人却认为受到了伤害。 因此，这就要求人

们尽量避免说一些有伤人之嫌的话，因为或许你的无心之语却给他人造成了痛苦。谁又愿意看到自己说出的话无意中伤害了他人呢？所以说，说话要经过大脑思考，不要信口开河。

在与他人沟通的过程中，很多人往往会因为一句话得罪他人。其实，要想避免说出不当的话，在你说任何话之前，就要先过过脑子。很多人往往心直口快，根本没想到自己犀利的言辞可能会对别人造成伤害。因此，在话说出口之前，先想想看"如果别人这么说我，我会怎样？""我的批评是有害的，还是有益的？"很多情况下，如果能多花一些时间换位思考一下，你就不会说错话了。

某天，一人急匆匆地跑到哲学家的面前说："我要告诉你一个消息……"这时，哲学家打断了他的话问道："你对我说的消息用三个筛子筛过了吗？"这个人反问什么筛子。

这时哲学家说道："第一个筛子是真实。它是真实的吗？"

那人回答："不确定，我是道听途说的……"

哲学家又说道："现在你用第二个筛子。你要告诉我的消息是善意的吧？"

那人为难地说道："不，刚好相反……"

哲学家又打断他的话："那么你再用第三个筛子。它是重要的吗？"

那人毫无底气地说："并不重要。"

哲学家说："既然所谓的消息，既不真实，也非善意，更不重要，那就别说了吧！如此，那个消息就与你我毫无关系了！"

我们会碰到这样的情况：在与他人交往的过程中，往往一句话就令人久久不能忘怀，或因其美好或不快而相应地引起人们感情上的好与恶的反应，从而产生持久的影响。 世界上"真正伤人心的不是刀子，而是比刀子更厉害的东西——语言"。"伤人的话只要一句，毒人的药只要一粒。"这都提醒人们说话要经过大脑思考，三思而后说。

人脑被称为"宇宙中最复杂的机器""生物学上的超级电脑"等，要想让语言展现魅力，首先要经过大脑这扇门。

　　主人宴请宾客，眼看时间都快到了，可还有一大半的人没来，他心里很焦急，便自言自语地说："怎么搞的，该来的客人还不来？"有些客人心想："该来的没来，那我们是不该来的？"于是，"知趣"地离开了。

　　看到这种情况，急晕了的主人便说："怎么这些不该走的客人，反倒走了呢？"剩下的客人一听，又想："走了的是不该走的，那我们这些没走的倒是该走的了！"于是，也走了。

　　最后，只剩下一个跟主人较亲近的朋友，他见状就劝说到："你说话前应该先考虑一下，否则说错了就不容易收回来了。"主人辩解道："我并不是叫他们走哇！"这个朋友听了大为恼火，说："不是叫他们走，那就是叫我走了。"于是气鼓鼓地走了。

虽然这则故事纯属杜撰，如果不认为说话者有恙，可能很多人会觉得那些客人都是蠢蛋，但若以主人的视角来看问题，更深层的谬误便出来了：这个请客的主人显然是忽略了自己的出口之言与言下之意之间的因果关系。他虽无此意，但在场的客人对他的言下之意难免会从另一个极端加以引申，以致出现连环性的"走客"误会。此事罪魁祸首当归主人自己的无心口误。

所以说，话说出口之前要先思考一下，把握好"温度"，切忌脱口而出。此外，在说话时还要注意以下几点：

1.态度要诚恳、亲切

说话即思想感情的传递，因此说话时的神态、表情都是至关重要的。例如，你祝贺他人时，如果嘴上说得很动听，而表情却是冷冰冰的，那么对方必定认为你是虚伪的。因此，说话一定要做到态度诚恳和亲切，才能使对方对你的言语产生表里一致的印象。

2.用语谦逊、文雅

如与人交谈多用"阁下、令尊、夫人"等；用"贵姓"代替"你姓什么"，用"不新鲜""有异味"代替"发霉""发臭"。如你在客人家需要用厕所时，则应该这样说："洗手间可以借用一下吗？"或者也可以说："请问，哪里可以方便？"多用敬语、谦语和雅语，能体现出一个人的文化素养以及个人修养。

3.声音大小要恰当，语调应平和而沉稳

咬字一定要清晰，音量要适度，尽量以对方听清为标准；

语调要平稳，尽量不用或少用语气词，给听者以温柔自然之感。

总而言之，语言文明看似非常容易，但是要真正做到会说话却并非易事。这就需要我们说话前经过大脑这扇门，仔细思量一番。

赞美得好可以调和人际关系

在办公室共事，一般人常常容易留心别人的缺点而忽视别人的优点及长处。因此，发现别人的优点并由衷地赞美，就成了办公室难得的美德。无论对象是你的上级、同事，还是你的下级或客户，没有人会由于你的赞美而生气，他们会心存感激并对你产生好感。

赞美手法运用得巧妙，能让你的上级欣赏你，让你的同事帮助你，让你的工作得以顺利完成。营造一种和谐的办公室气氛，同时让自己做人的尊严和修养也得到展现，那事业的成功也就离你不远了。

有一句谚语应该牢记在心："赞美别人的人才是真正值得赞美的人。"

但在办公室里，总有令人感到虚假的"赞美"。这些人总像戴着一张面具，不分场合和时间，巴结他们遇到的每一个人，他们说得出任何过头的话。他们认为向上司大献殷勤就能轻而易举地得到提升，而不想以认真工作来取得成功。

聪明的人并不这样认为。赞美别人并不是全部工作，只是建立良好的人际关系，使自己的工作得以顺利完成、目的得以顺利达到的一种方法。

赞美一定是源自内心的，是自然而然的善意行为，不需要你绞尽脑汁，处心积虑，也不需要你时时小心谨慎。

每一次赞美都是一次学习的过程，把他人的优点作为自己效仿的榜样，别人也就会很乐意帮助你。

不要立即赞同别人的意见，给自己一段时间，表现出你的谨慎和细致，然后给别人进一步表明意见的机会。这样，你的赞同就会显得更具价值。

在任何场合，对任何人，都要用适当的方法加以赞美。赞美能够被看作是对未来的一笔投资，哪怕是别的部门的领导，或者是你所厌恶的人，也应该对他们的长处加以赞赏，这样会给你带来回报。

赞扬不光要说好话，还要说让人舒心的话。

如果你不相信对方，认为对方不值得赞美，那赞美就没有必要。虚伪的赞美会使自己陷入无法摆脱的困境，也会使对方认为你是在嘲讽而不是赞美他。

赞美可以很好地调和人际关系。但当着上司的面直接予以夸赞，既容易尴尬又很容易招致周围同僚的反感、轻蔑，从而给自己树敌。所以，赞美上司最好是背地里进行，如在公司的其他部门，当上司不在场的时候，大力地赞美一番，这些赞美终有一天会传到上司的耳中。

和上司一起到顾客那里，如果部下太抢风头，滔滔不绝，会令上司觉得难堪，难免在心里留下疙瘩。所以，最好的应对方式是细节部分由部下做说明，上司则概括结构部分。

另外，以"经理，您认为如何"征求上司的同意、许可，表面上降低自己身份，做了穿针引线的工作，事实上谈话的主动权却被掌握。

在归途中，为你的这个机会表示感谢，并强调是因为上司的同行，才取得了这样好的效果。 日后，如果同顾客达成了交易，要再次感谢上司相助。 "感谢的话，不嫌多"，反正是不花一分钱，何必要吝惜呢？

凡事不把话说绝

当有矛盾以后，不管是谁心里都会不舒服，极易有所失态，随口出脏话，一下说错话。 一时说了狠话，也只是暂时感到痛快，而自己的名声和相互之间的关系则受到了伤害。 无论有多大的矛盾，我们也要有一个最基本的底线，不要把话说得太绝，给彼此台阶下。

一个客人在一家卖场买了件衣服，希望退掉它。之前她穿过一次衣服还洗了，但她说"我肯定没有穿过"，并强烈要求退货。

售货员看了看衣服，干洗的痕迹十分明显。如果直接提出这个观点，顾客肯定不会直接承认，她之前也说了"肯定没有穿"，并且还仔细地处理过了。

售货员见此情形，便说："我觉得会不会是你的家人不经意间把衣服送到干洗店了，我之前也有类似的事发生。我把新衣服和旧衣服放一起了，后来我老公不知情，把新旧衣服同时丢进洗衣机，会不会你也是这样而自己不知道，很容易就能看出这衣服干洗过了。你要是不相信，你可以比较一下。"

在证据面前，顾客无话可说，同时售货员也站在她的立场考虑，让她有个台阶下。她顺着台阶下来，把衣服收走。

如果售货员直接揭露客人的想法，并坚持对方骗人，就让彼此无路可退了，接下来的场景可能十分尴尬。 人们常常吃软不吃硬，尤其是一些性格十分刚烈的人。 如果你来"硬"的话，他就会比你更加强硬；如果你说话"软"，他也不忍心，也会改变自己说话的语气。

有时候人们会说："这种情况下，我本来就不想和他继续当朋友，说绝就说绝。"值得吗？一时的矛盾并不意味着绝交。

友好的分手并不会影响以后的和好。 绝交有时候并不是因为彼此的感情彻底破裂，大部分是因为有误会。 如果相互之间都用比较友好的态度，别把话说得太绝，总有一天误会会解除，彼此的关系还能修复，友谊才会开花结果。

但有的人不理解，只要和别人闹矛盾就争吵起来，与人针锋相对，互相谩骂争吵，不给双方留任何退路。 这样虽然痛快一时，但是，在痛骂对方的时候，也就让自己显得一无是处。其他人会从这件事发现你是这么的刻薄，从来不留后路，行事如此冲动。

在发生矛盾时保持冷静，能从侧面体现一个人高尚的道德情怀。 一般来说，一个人的度量很难判断。 但和别人有矛盾以后，你是如何反应的，也就洞若观火了。 也只有品德高尚的人，才能保持冷静，理智地面对，不轻易说狠话。 善意地阻止相互之间进一步受到伤害，也是展现自己的诚意。

学会欢迎逆耳忠告

忠告，对培养相互之间的友谊和相互帮助，有着举足轻重的作用。 亦是说，不愿意给予忠告的人是不真诚的，这样的人是不告诉对方自己真实的想法。 也就是说，不把对方放心上的人总是吝啬自己的忠言，别人不爱你也不会给你忠告。 所以，我们应该满心欢喜地拥抱忠告。

虽然这样，但人们仍然不喜欢听别人的忠告。 为什么忠告总是逆耳？

其实，人都是受感情支配的生物，即便心中认识得很清楚，但在内心深处依旧不喜欢听劝告。

比如说一个贪玩的学生，天天在外面玩耍，也不喜欢读书。

后来，他终于想明白了，决定要认真学习。可他刚回到家里，他母亲就马上批评他："又跑去哪玩了？还不赶紧去学习，你以后怎么参加高考！"

"哼，上大学，上大学，有很多人不上大学照样有大成就！"

在逆反心理的影响下，他又从家里出去了，白费了母亲的一片苦心。

要经过深思熟虑再提出你的忠告。 同时，时机也很重要。例如，下属虽然没办好事，但他已经很努力了，这时候尽量别批评他们。 倘若你此时贸然说一句"如果这样就没事"之类的话，就算针对问题的要害提出了正确的想法，下属可能心里会产生"你不知道我尽力了吗"的反感，自然不会得到理想的效果。 这个时候如果你说类似于"辛苦你了""你已经尽力了""这确实不好办"等安慰话，接着再与下属共同探讨问题，下属会认真地考虑你提出的忠告。

此外，在什么场合提出什么样的忠告也很重要。 如果要给予忠告，最好是在私底下，要避免在大庭广众之下提出忠告。否则，对方就可能产生抵触情绪。

忠告还要注意一点，不要把事物、人相互做比较。 在这个时候做比较，一般都是拿此人的短处和别人的长处比较，对方的自尊心很容易受打击。

"你看小熊都是很安静地工作，你怎么天天玩，跟人家学习不好吗？"母亲说的时候很痛心。

"她好学，她认真！那她做你女儿吧！"女儿生气道。 就算女儿知道自己哪里错了，但由于自尊，她无法理解母亲的劝告。 母亲善意的劝告没有起到效果。

有的时候忠告可以换种表达方式。 人们多少都有逆反心理，良药未必要苦口，人们更容易接受顺耳的忠告。

忠告是给别人的，根本的出发点是为对方好。你的一番好意要让对方感受到，就需要小心仔细点。要保持诚恳谦逊的态度，言辞不可过激，也无须太过委婉，否则，对方会觉得你在过分指责他。

说服别人，要击中"要害点"

在说服别人这方面，汽车大王福特说过："关于成功的秘诀，那就是站在别人的角度思考，站在他人的角度思考。"这样，你才能和对方进一步沟通，也才能真正地体会到别人的想法和他们的"要害点"，然后针对目标，切中"要害"，这样就更可能说服对方。

也有人说过，如果想要自己说的话更容易被接受，同时照你说的做，那你要先让别人喜欢你，不然你就会失败。如果你没有站在别人的立场考虑问题，怎么让别人喜欢你？交流时，不顾及对方的想法，又或是随便找一些借口来搪塞，会让事情变得更困难。上下属常常有争吵，通常都是因为从未站在他人立场的缘由。要以对方的角度来看待问题，这确实是件困难的事。

有一个职员经常在办公室抽烟，之前他还下定决心要戒烟，但仅仅坚持了一个月，又忍不住了。他的上司批评道："不是要戒掉吗？你怎么又抽起来了？"如果上司能换一种语调："戒烟可难了，你已经持续这么久，这可不容易啊！"那职员听了自然会感到愧疚，就会更下决心一定要把烟戒了。

职员很容易接受上司后一种语调。这是因为上司是站在他的角度思考，也知道戒烟很困难，即使小抽一次，也是正常的。这样不仅给职员提供了个台阶下，职员也会更有决心改正。

有这样一家电视台，每周都会有一个探讨人生的节目，其收视率高于其他同时段的节目。为什么收视率会这么高？这是有缘由的，而最主要的是观众都喜欢看节目里相互之间的问答技巧。

很多观众带着各种问题上节目，在面对解答者的忠告时不停地反驳，同时也不愿意接受解答者的忠告。可是，在不知不觉中，他们对解答者频频点头称是，从中传递的信息会比看电影的效果还好。

主持人和问答方，都是仔细挑选过的，仅仅听他们的谈话方式也受益匪浅。

有的人很难说服，首要的任务是让他们认为你和他们是站在同一立场的。这类节目的观众群体中，大多数是离婚人士。这个时候解答者一般都会说："假如换作是我，那我就不会怪罪他，不会和他分手。"

不要以为其中"假如换作是我"只是简单、没有任何意义的一句话，它所发挥的作用是不可忽视的！

第七章
高情商的女人说话不但说得好更要说得巧

掌握与人说话的技巧

初次见面，双方互不了解。 因此，如果不注意讲话的一些基本要领，陌生人之间是较难交谈起来的。

同陌生人讲话，事实上也像寓言中太阳和风的态度一样，温和友善使人亲近，而缺乏起码的礼貌只能使人退避三舍。 两个陌生人之间，开始讲话时友善相待，双方的讲话气氛总会逐步融洽起来。

1. 见微知著

交谈前，你应使用多种手段，尽可能地多了解对方，再分析研究种种细微信息，由小见大，由微见著，作为交谈的基础。

讲话时务必看清对方，以他的爱好、个性、文化及心境为出发点。 初次见面要做到这一点，就要见微知著，由细微处见品行。

有一次，白先生去拜访一位陌生人，白先生见此人玻璃板下压有"制怒"二字，猜测他想克服易怒的缺点，便与他谈了一些古今名人制怒而成大事的实例。这样，双方一下子拉近了距离，颇有相见恨晚之感。

2. 适时切入

看准情势，不放过说话的恰当时机，适时插入交谈。 适时地"自我表现"，能让对方充分了解自己。 陌生人如能从你切入式的谈话中获取教益，双方会更亲近。

3. 借用媒介

寻找媒介物，引出共同语言，缩短双方距离。 如你见一位陌生人手里拿着一本厚书，可问："这是什么书？ 这么厚！您一定十分用功！"对别人感兴趣，通过媒介物引发他表露自我，交谈也会顺利进行。

如果陌生人比你更害羞，你就更应该跟他先谈些无关紧要的事，如天气之类，让他心情放松，以激起他谈话的兴趣。

和陌生人谈话的开场白结束之后，特别要注意话题的选择，尽量避免容易引起争论的话题。 为此，当你选择某种话题时，要善于察言观色，一旦发现对方有厌倦、冷淡的情绪时，应立即转换话题。

学会招人喜欢的技巧

中国素有文明古国和礼仪之邦的美誉，在物质生活极度丰富的今天，更应重视精神文明。 在人与人的交往中，如果都能注重文明礼貌，大家的心情也会更加舒畅，精神也更加愉悦。

在生活中，只要我们随时注意说声"请""对不起""谢谢"，就能减少很多摩擦和不必要的误会。

你当然明白这些字眼的意义，但是什么时候说合适呢？

身边的同事上班时为你倒杯茶，你可以说："谢谢！ 你看茶梗还浮在上面，新泡的吧！ 嗯！ 由你倒来的茶特别香。"对方必是无比欢欣，心想以后就是一日泡三四次也是心甘情愿的。

曾听朋友讲过这样一件小事：

几个刚从大学校园毕业的年轻女孩有一天到百货公司购物，在上厕所的时候，正碰到清洁工们在打扫卫生，其中一人随口对那位瘦弱的清洁工说："辛苦你啦！"这位清洁工竟激动得看着对方的脸说："谢谢！ 您真是个好人。"

朋友感慨道："也许从她上班那天起还未曾有人对她说句'辛苦啦'，大部分人只想到她是个扫厕所的工人，甚至嫌她脏。而一句简单的'谢谢'，足以让她欣慰，让她感到温馨，受到肯定与鼓舞。"

有人曾做过一次问卷调查访问送报者，询问他们送报工作何时最快乐，其中二十人称领薪水时；而七十人答道：当顾客说"辛苦你了"时最感欣慰。 该调查体现了感谢的巨大力量。

我们请求别人一件事时，最好说："辛苦你了！ 因为你的帮忙，让我受益匪浅。"

我们如果不知恩图报，反而说："什么？ 有这种办事效率？ 既然答应帮忙又为何拖泥带水？"这么一来，即使对方有意突破困难，助我们一臂之力，此刻亦会心灰意冷，心想："谁会第二次帮这种人的忙？"

其实，不管我们是否心情愉快，多说"辛苦了""谢谢你"之类的话，不会惹人厌烦，说不定还能看到别人脸上的微笑，我们的心情也会因此而快乐。

当我们把麻烦和不便带给别人时，一句"对不起，实在是我自己不小心啊"或"对不起！我并非故意的，请见谅"，大概就可大事化小，小事化了，不会节外生枝，惹些意外的纠纷。

道谢时说"别客气"，往往代表着对对方的尊重，若因此而引起别人对你礼貌周到的好感，不也是意外收获吗？

学会委婉温和地表达意见

有个人非常擅长规避质问，他的本领，令了解他的人都想大喊一声"太妙了"。例如，如果有人问他："你可曾读过《堂吉诃德》？"他会回答："最近不曾。"事实上他不知道这本书，然而谁会去揭穿他？

有一天，有人问他可曾读过但丁《神曲》中的地狱篇，他回答："英文本没读过。"旁人不禁对他肃然起敬。他这句百分之百是真话，可使你有三种理解：他读过这诗篇；他精通14世纪的意大利文；他是文学纯粹主义者，不屑读翻译本。这招非常机智。

在委婉温和的谈话中，直话直说是致命伤。别误解，这不是在鼓励说谎。这里讲的是一种高深的谈话艺术。社交中的谈话高手，能够像作家一样挥洒自如。

其实，在社交谈话中有很多诀窍，可以给那些说话不懂得转弯的人作为参考。如预备几个有趣的题目，侃侃而谈，但言辞须含糊，含糊到只有社交专家才能知道你是在瞎扯。怎样才能做到有理不强争，有话不直说呢？不妨考虑以下几个办法：

1. 使用模糊性语言

模糊性语言是一种高明的表达方式。这种说话方式，最重要的部分叫作"不确定性原理"。有位物理学家最爱以世界的本质为题，使用一些模糊性语言或是专业术语，然后看到周围的人个个满脸愕然、面面相觑的模样，觉得很有趣。

2. 选择某位不大出名的历史人物为话题

可以挑选一个不知名的历史人物为话题，他不必有什么精彩的秘闻逸事，如果不想再听某人喋喋不休地谈论当今国家大事，正好可以用这个来转换话题。你可以说："某某怎么样？"那人会顿时茫然，问道："他怎么样？""你刚才说的也都适用于他，"你答道，"你看看他的遭遇，政客就是这样的。"如此就已经转变话题了。

值得注意的是：有必要跟其他客人周旋时，要谈些不相干的话，避开敏感话题。一次，王明在同事的生日聚会中，对中国某段历史发表了自己的独到见解，却不知身旁的人是屈指可数的中国史权威，结果大出洋相。

3. 用含义广泛的形容词

所用的形容词最好含义较广泛。如果有人要你对某本书、某出舞台剧、某部电影或某首乐曲发表意见，而你对此并不熟悉，你应该说："我喜欢他早期的作品，风格比较单纯。"或者说："我喜欢他后来的作品，那比较成熟。"这样比较不容易出问题。

4. 讲述一些历久弥新的趣闻逸事

这样做，即便不侃侃而谈，也可以令人觉得你学问渊博。在节骨眼上讲出一桩人所罕知的事，会使人深信你满腹经纶。例如，记住某某著名作家的妻子是哪个富豪的亲戚好友，在跟人家讨论文学、商界动态、名人花絮或新闻的时候，在不经意地提起，这样一来别人会敬佩你的博闻强识。

5. 发表别人无从驳斥的见解

与人闲侃时可能会被问道："你认为如何？"你不想把真正的想法说出来，原因是你刚才没有注意听。其实你一直想的是赴宴途中汽车发出的怪声，或者其他琐事。不过，有一种答案适用于任何话题，而且不会引起异议："那完全要看情况而定，不能一概而论。"

6. 高明地搪塞、躲避

若有人想竭力戳穿你的把戏，一定要保持冷静。可以采纳如下几个对策：第一，含糊其辞。马上用丹麦著名物理学家尼尔斯·波尔所讲的"真理分为大小两种，与小真理对立的，当然是错的；与伟大真理对立的，则同样是真理"来回应他。 然后，趁别人在思考这句话时，找个借口离桌。 第二，指着窗外大声喊："瞧那个！"暂时转移别人关注的焦点。 第三，把一块肉放进口里细嚼，同时做思索状，假装在组织语言，接着屏息并慌张地指指喉咙，奔出饭厅，挺着肚子朝沙发背猛扑过去，使人以为你被食物噎到，在自行救治。 然后站起来，对惊呆了的人从容地说："没事了。"如果演得很真，大家便会忘记使你突发急症的原因，反而称赞你能自行救治。

忠言逆耳，很多人都能体会到这句话的真正含义。 有些时候，明明出于好意向别人献上自己的忠言，而别人不但不领情，反而怪罪自己，这是什么原因呢？ 大多数是实话实说、直来直去造成的。 因此，就要求我们多掌握一些说话的艺术，委婉地表达。

学会实话巧说

实话如何才能做到巧说呢？ 怎样才能既让人听了顺耳，又能使人欣然接受呢？ 下面介绍几种方法：

1. 由此及彼肚里明

两个人意见不一，如果实话实说，或者直接反驳，就有伤友谊。

这个时候就需要采取这种方法，以避免纠纷。

一次事故中，主管生产的副厂长老马左手指受了伤，在医院接受治疗，厂长老丁来病房看望时，谈到车间小吴和小齐两个年轻人技术水平较强，但不受纪律管制，想让他们下岗。老马当时没有表态，只是猛地抓着手指大叫。丁厂长忙问："疼了吧？"老马说："可不是，实在太疼了，干脆把手锯掉算了。"老丁一听忙说："老马，你是不是疼糊涂了，怎么能因为手指疼就锯掉手呢？"老马说："你说得很有道理，有时候，我们看问题，往往会有些片面。老丁，我这手受了伤需要治疗，那小吴和小齐……"老丁马上明白了，忙说："老马，谢谢你开导我，这事我知道该怎么处理了。"老马把手有病需要治疗类比为人有缺点需要改正，进而巧妙地把用人和治病结合起来，不仅没使老丁为难，并且还维护了团结，成功地解决了问题。真是非常明智！

2. 抓心理达目的

这个方法更注重心理的揣摩。 与人交谈时，要学会洞察对方心理，在掌握对方想法的同时对症下药，从心理上攻破对方防线。

一位穿着华贵的妇女走进时装店，看中一套时装，但又觉得价格昂贵，犹豫不决。这时，一位营业员走过来对她说，某某女部长刚才也看好了这套时装，也因为贵才暂时没买，刚刚离开。于是这位夫人当机立断去付了款。这位营业员能让这位夫人买下时装，是因为她很巧妙地抓住了这位夫人"英雄所见略同"和"部长嫌贵没买，她要与部长攀比"的心理，巧妙地达到了让那位夫人买下时装的目的。

3.藏而不露巧表达
用含义较多的词，委婉曲折地表态。

林肯当总统期间，有人向他引荐某人为阁员，因为林肯对这个人的品行不满，所以一直没有同意。一次，朋友向他质问原因。林肯说：我不喜欢他那副"长相"。朋友一惊，道："什么！你未免太严厉了吧，长相不是他能改变的呀！"林肯说："不，一个人超过四十岁，就应该对他那副'长相'负责了。"朋友当即领会了话外音，再也没有说什么。很显然，两人所说的"长相"，根本不是一回事。林肯巧妙地利用词语的歧义性，道出了"这个人品行道德差，我不同意他做阁员"这句大实话，在保护友谊的同时也实现了自己的目的。

实话婉说，直话巧说，是讲话的最高境界。一个人如果能达到这一境界，即使再复杂的人际关系，也能轻松应付，即便再难处理的问题，也变成小菜一碟。

学会暗示提出意见

暗示是种婉转含蓄的说话方式。 人非圣贤，与人交谈过程中难免会出现错误。 此时，大张旗鼓地把对方的过错指出来，即便是出于好心，也很难得到好的效果，所以，应该选用一种隐晦的方式，给对方暗示，这样对方会对你感激不尽的。

美国经济大萧条时期，找工作非常不容易。有位小女孩幸运地在一家高级珠宝店找到了一份销售珠宝的工作。一天，珠宝店里来了一位衣衫褴褛的青年人，面色愁苦，双眼紧盯着柜台里的商品。

这时，电话铃响了，女孩去接电话，不经意打落了一个盘碟，有六枚宝石戒指落到地上。她慌忙拾起其中五枚，但却没看到最后一枚。此时，她看到那位青年正惶恐地向门口走去。顿时，她意识到那第六枚戒指在哪儿了。眼看青年就要出去了，女孩叫住他，说："对不起，先生！"

那青年回过头，问道："什么事？"

女孩看着他惶恐的表情，一声不吭。

那青年又补问了一句："怎么了？"

女孩伤心地说："先生，我第一次赚钱养家，现在找工作很难，是不是?"那位青年很紧张地看了女孩一眼，勉强地笑了笑，回答说:"是这样的。"

女孩说:"如果把我换成你，你会比我出色。"

终于，那位青年转身回到柜台前，向她伸出手，说:"我可以祝福你吗?"

女孩也立即伸出手来，与他握手。女孩以十分柔和的声音说:"也祝你好运!"

青年转身离去了。女孩走向柜台，把手中失而复得的戒指放回了原处。

显然，这个青年盗窃了戒指。在通常情况下，大多数人可能会大叫抓偷窃者或者报警。但是，这位女孩却巧妙地运用了暗示，委婉地使小偷归还了偷窃物，那小偷也没有当众出丑，体面地改正了自己的错误。假如惊慌大叫，女孩可能还会受到伤害呢!

这种方法最大的特征，是"言在此而意在彼"，能够诱导对方领会你的话，听懂弦外之音。从心理学的角度来看，委婉暗示的话，不论何种情况，都能维护对方的自尊，使对方容易赞同和接受，进而实现目标。

生活中难免产生尴尬，如果直截了当地提出，不但不能解决问题，反而会使问题更加复杂，甚至产生难以预料的后果。此时，不妨巧妙地旁敲侧击，暗击痛处，将会起到明显的效果，也维护了双方的友谊。

南唐时期，苛政如猛虎，百姓食不果腹。许多大臣都向烈祖进谏，希望能减少税收，使百姓安居乐业，但均以失败告终。

一天，烈祖问群臣："全国为何只有京城无雨？"大臣申渐高一听，认为这是一个进谏的机会，他沉思片刻，便说："因为雨怕收税，所以不敢入城。"

烈祖一听，就明白了他的话外音，大笑一阵后，即降下圣旨，减轻税收，让百姓休养生息。

倘若申渐高也同其他大臣一样，对烈祖直言劝告，其结果可能还是被驳回，非但没有效果，反而还会受到责罚。但他巧妙地运用了暗示，以巧妙的语言把为百姓请命的意思传达给了烈祖，使其听从建议减税，给老百姓做了一件好事。

小暗示，大智慧。在与人交谈时，如果能将暗示的作用发挥得淋漓尽致，这样的人，无论是何种场合都会左右逢源。

赞美的力量是巨大的

赞美的力量是巨大的。常言道："美言一句三冬暖。"每个营销人员都应懂得对顾客"赞美"的重要性，而且还要会在营销中应用。

例如，李立是某油漆股份有限公司的营销员，这个公司最近新开发出一种新型油漆，虽然广告费花了不少，但对销量的收效甚微。这种新油漆色泽柔和，防水性能好，不褪色，不易剥落，具有很多优点，这么好的产品推销不出去应该和营销策略有关。李立经过仔细调查，最终决定以市内最大的家具公司为突破口来打开销路。

这天，他直接来到这家家具公司，找到他们的总经理，开场白就是："我听说，贵公司的家具质量相当好，特地来拜访一下。久仰您的大名，您是本市的十大杰出企业家之一，您能够在这么短的时间内，就取得这么辉煌的成就，您肯定是有了不起的才干。"总经理听完这些并没有多想，就开始向他介绍本公司的产品特点，并在交谈中谈到他怎样从一个贩卖家具的小贩，成为生产家具的大公司总经理的历程，甚至还领李立参观了他的工厂。在上漆车间里，总经理拉出几件家具，向李立炫耀那些家具都是他亲自上的漆。听到这里，李立顺手将喝的饮料倒了一点在家具上，又用一把螺丝刀轻轻敲打表面，总经理很快制止了他的行为，但是还没等总经理开口，李立发话了："这些家具从造型、样式上来看都是一流的，但这漆的防水性能不好，并且易剥落，色泽不柔和，影响了家具的整体质量，您看呢？"总经理连连点头称是，并承认这个问题，同时提到听说某公司推出了一种新型油漆，但他并不了解，所以还没有订购。李立连忙从包里掏出一块六面都刷了漆的木板，该木板被泡在一个方形的瓶子里，此外，还有几块上着各种颜色的漆的木板样本。李立介绍说，这块泡在水中的木板，已浸了一个小时，但是木板没有膨胀，说明漆的防水性能好，用工具敲打，漆不脱落，放到火上烤，漆也不褪色。就在总经理赞叹的时候，李立亮出了自己是这种漆的营销员身份。当然，这家公司很快就成了李立公司的大顾客，双方都从中受益。

在这则事例中，李立并没有一开始就直接称赞自己公司的油漆多好，而是从赞美这家公司的产品入手，先是赞美了总经理的成就，随即又赞美了总经理的奋斗历程。受到赞美的总经理自然非常高兴，带领他去参观其产品。李立趁其心情愉快，在车间内，不经意地点出其产品的油漆有些方面性能差，直接影响到了家具的质量，并在这个时候，顺理成章地展示了本公司最上乘的产品。相比之下，成功突出了本公司新型油漆的优点。于是，总经理很自然地接受了建议，认识到了新漆的优点。就这样，李立成功地争取到了这家客户，达到了营销产品的目的。

可能有些营销员觉得当面赞赏顾客太露骨，但要是你有这种心理，不要担心，不要着急，更不要"改正"，"改正"的结果只会让你的赞美显得太做作。这样也好，因为你已经具备了赞美的最高境界的条件。最好的赞美并不是赤裸裸的、直白的，而是拐弯抹角、迂回包抄的。当一个人向别人转告他人的赞美时，一定要心里坦然、表情自然，这样赞美效果也能达到最高境界。

对职位较低的顾客可以这样说："你们经理上回跟我说，你工作又快又好，叫你办事，他最放心。"

对职位较高的顾客可以这样说："你的员工们跟我说，你不但能干，有能力，有魄力，而且对待员工特别宽宏大量，跟你干是跟对人了！"

以情动人是有效的说服方式

想要达到说服人的目的，不要过早地透露自己的真实意图，有时需要绕道而行，聊些别人感兴趣的话题，然后再按照预定方案实施自己的计划，这样成功率更高。倘若开始就与对方展开"唇枪舌剑"，单刀直入，往往会遭到拒绝。

伽利略年少有为，他年轻时就下定决心要在科学研究上有所突破，并希望得到父亲的支持与赞许。

一天，他对父亲说："父亲，我想向您请教一件事，为什么您选择了母亲？"

父亲简单地说："我喜欢她。"

伽利略又说："您只愿娶母亲？"

父亲说："是的，孩子，我向老天发誓。当时家里希望我娶一个贵妇，可是我对你母亲情有独钟，不愿意与其他女人结婚，你母亲当年是一位姿色动人的姑娘。"

伽利略继续说："确实如此，你只娶你爱的人。可是，父亲，我现在也陷入了同样的处境。我只喜欢科学，除了科学以外，我无法从事其他行业。我认为，其他职业对我来说没有任何意义，难道父亲要我违背我的内心吗？科学是我今生最为热爱的行业，也是唯一的追求，我对它的爱胜过其他所有行业，凡人皆愿成家，哪怕是最穷的人，都想过自己的婚事，可我却只想与科学为友。我不曾与人相爱，我想今后也不会，我只愿与科学为伴。当人们问及婚事，我就感到羞臊。"

父亲没有说什么，陷入了思考。

伽利略继续说："亲爱的父亲，我自信有能力为科学做贡献，为什么不让我去实现自己的愿望呢？我有决心能成为一个杰出的学者，并获得教授身份。有了这个工作，我一定会比别人活得更幸福。"

父亲说："可是我无法给你资金支持。"

伽利略充满期待地说："父亲，您听我说，许多贫困生都是靠领取奖学金来读书的，这钱是公爵给的。能否为我申请一次呢？您在佛罗伦萨有那么多朋友，他们对您也是十分尊敬的，如果去请他们帮助，我想一定会有人帮我的。如果您能够到宫廷去为我办这件事，公爵的老师奥斯蒂罗·利希会告诉你我的能力。"

父亲被伽利略的话说动了："嗯，我尽力支持你。"

伽利略抓住父亲的手说："我求求您，您一定要想尽一切办法，这关系到我的一生，我以人格向您保证，我会成为优秀的科学家的，并以此来报答您。"

最终，伽利略借助父亲的帮助，实现了自己的理想，成了一位令世人瞩目的科学家。

那么，说话时应如何婉转表达，又怎样才能实现自己的目的呢？ 以下两点可供参考：

1. 先讲些其他不相关的话题

许多人喜欢单刀直入式的说服方式，认为这样最有效，殊不知，并非任何人都适合这种说服方式。 因此，就要因人而异。 现实生活中，许多人会排斥他人的直言，认为那是一件丢面子的事。 如果说服方能采取正确的说服方式，往往更容易说服对方。

在说服别人时，先讲些无关主题的话，便可帮助人们实现说服目的。 它不但可以降低被说服者的防范意识，还可以使交谈双方产生共鸣，为实现目的奠定基础。

2. 推彼及此

在闲谈过程中，多谈及两人的共同爱好，让对方感觉你们之间有许多共同的特质，从而产生共鸣。 这就意味着你离成功不远了。

注重进言的方法

良药苦口，忠言逆耳。 这句话重复多了，人们就会形成错觉，以为规劝别人的话必须难听，不难听的话不配称作"忠言"。 其实，忠言也可说得顺口。

有一次，唐太宗李世民恼羞成怒地要杀死直言进谏的魏征，长孙皇后闻之十分着急。

　　如果用逆耳的"忠言"劝说李世民，可能会火上浇油，反而会把事情弄得更糟。

　　于是，能说会道的皇后顺着皇上的喜好，规劝李世民。

　　她说："自古以来主贤臣直，直谏的臣子敢冒犯圣上，必定是因为深知皇上圣明。今魏征敢于直言劝谏，全赖圣上贤明……"李世民闻后龙颜大悦，也不再怪罪魏征了。

　　一般情况下，人们试图说服别人时，往往只强调动机的利他性和方案的选优性，而忽略了别人接受过程的复杂性，也不注重技巧，让人觉得是被迫接受的，而非出于主观自愿。

　　一旦别人不接受自己的劝说方式，任何计划都会化为泡影。

　　西方管理学家认为：方法比内容更关键。

　　交谈既是科学也是艺术，更是人生的必修课，仅仅靠古人的几条垂训和人们的经验总结，还不能掌握它。只有以科学认真的态度对待交谈，在实践中勤于思考，具体问题具体分析，才会真正领会交谈的作用。

一语双关妙用多

  有一位年轻的作者到编辑部送稿，编辑看后问道："这是你自己写的小说吗？"

  "是的。"年轻人回答，"我构思了一个月，写完它整整用了两天，写作太辛苦了！"

  编辑突然大发感叹："啊！伟大的契诃夫，你何时又复活了啊！"

  年轻人红着脸，愤愤地走出了编辑部。

  这位编辑利用包含着双重语义的话语批评了年轻人，"伟大的契诃夫，你何时又复活了啊"婉转地说明此人的作品有抄袭契诃夫之嫌，既含蓄诙谐又具有强烈的讽刺力量。可以想象，这样的批评效果远比沉着脸用言语直接批评要好得多，也更容易让人接受。

第八章

高情商女人说话会幽默, 懂礼节知进退

说话令人舒服的要素

有些人说的话虽然不占优势，但其说话的方式却能给人一种非常迷人、令人舒服的感觉。 每个人都有自己的个性，每一次对话会因为说话技巧的不同而有各种不同的回响、反应。 那么，使对方愿意听我们说话并逐渐进入对话的最佳状态有什么技巧呢?

1. 风格明快

生活中大多数人不喜欢晦暗的事物，即使草木也会向阳生长。 同样，给人阴沉感的谈话，势必会让人感觉厌恶和压迫。反之，说话简洁明快，则更易让人接受。

2. 声音独特

跟有些人说话是一种享受，因为他（她）的嗓音实在是很动人。 他们谈话时，非常注意选择说话的声音，而这完全根据他们的天赋、个性及所要表达的情感而变化。 有条件的话，把自己的话录下来仔细地听，你可能会意外地发现，自己说话竟有那么多毛病。 经常这样检查，发音的技巧就会不断提高。

3. 语气肯定

每个人都有自尊心，常常会因为一些事伤害到自尊心。 如此一来，你只要在谈话中稍不注意说话的方式方法，他（她）会立即反射性地表现出拒绝的态度。 因此，如果你想让对方听你说话，首先得先明白对方要表达些什么。 所谓"说话语气肯定"并不是说肯定对方说话的内容，而是指留心对方容易受伤害的感受。

4. 语调自然

自然的声音总是悦耳的。 在交谈中我们应该注意，不管你是什么样的语调，都应自然流畅，故意做作的声音只能事与愿违。 当你与许多人交谈时，应采用以下技巧：若前面说话的人嗓门很大，你开始说话时就可以压低声音，做到低、小、稳；当前一个人音量较小时，你则需要提高音量，清脆响亮，以引起大家的注意。

5. 习惯用法

人类生存在当今的语言环境中，有一套自己的语言使用标准，一旦不符合标准，就会产生不协调的感觉，其中包括语气与措辞。 与人交往有必要根据实际情况或对方是谁而分别使用适当的语言。

"太好了！""好棒哟！""真可怕！"这些一般都是女孩子常用的感叹词。 当然，这也是感情的自然流露。 一句话若没有抑扬顿挫，则过于平淡，引不起对方的兴趣，若能添一些感叹词，就可以活跃说话气氛，但要适可而止，过多的感叹词亦会抹杀言语的重要性，使对方不能理解你的意思。

6.思路清晰

当谈话争论不休而且没有头绪时，你接下来就要注意要语句简短，声音果断，有条理。

幽默易达到预期目标

有些人因为喜欢周星驰的电影，更喜欢周星驰的幽默风格，所以说话都带着周星驰式的无厘头。 不懂幽默的人有时会弄巧成拙。

第二次世界大战时期，希特勒手下有一位将军叫罗德里斯。他常常乱开别人的玩笑，但是自己全然不知，自认为很会搞幽默。

德军占领法国以后，罗德里斯将军的部队也进驻法国。在一次高级军官及其家属参加的鸡尾酒舞会上，正当大家陶醉于美妙的音乐和芳香的葡萄酒中时，宴会大厅的灯忽然间全熄灭了。

这时，从门外传来几声震耳欲聋的爆炸声，紧接着就听到罗德里斯惊慌的喊声："盟军的轰炸机来了！盟军的轰炸机已经到达我们头顶了……"大厅里顿时一片混乱，那些胆小的太太小姐们更是吓破了胆，急忙寻找地方躲起来。可是，突然之间，大厅里的灯又亮了。只见罗德里斯站在楼梯上哈哈大笑说："女士们、先生们，请不要慌张，刚才只是一个玩笑而已。盟军胆小如鼠，怎么有胆量到这儿来呢？"众人听后哭笑不得，原来是虚惊一场。因为罗德里斯军衔高，所以没有人敢拿他怎么样。但是，这种低劣的玩笑，跟恶作剧有什么区别呢？

罗德里斯常常以这种"玩笑"捉弄大家，得罪了不少人。后来，有人联名向上级反映，认为罗德里斯为人粗鲁，缺乏修养，应该撤换。众怒难犯，上级不得不将罗德里斯调到东部前线去。结果，罗德里斯死在了苏联东线战场上。

闻名国内外的幽默大师林语堂说："豁达的人生观，率直无伪的态度，加上炉火纯青的技巧，再以轻松愉快的方式表达出来，这便是幽默。"所以，幽默并不等于滑稽和尖酸刻薄，它包含了智慧、亲切、诚恳，并带有丰富的人情味。

生活中有些人大大咧咧，把幽默的能力简单地理解为讲笑话的能力，不讲究场合和时机，更不会运用技巧来表达，随心所欲地滥用这种方式，结果弄巧成拙，不但达不到预期的目的，反而让别人更加难堪。

发挥幽默感能广传善缘

在人际交往中，越是机智幽默的人越能交到很多的朋友，谁都不喜欢与那些斤斤计较、郁郁寡欢、言谈乏味的人交往。幽默就像润滑剂，它使烦恼变为欢畅，使痛苦变成愉快，将尴尬转为融洽，让你牢牢地吸引住对方。

拥有幽默感的人一般都很乐观，为人处世比较灵活，容易与周围的人建立良好的关系。枯燥的会议因他而活跃；朋友聚会因为他而变得热闹起来；面对严肃的上司，他出语诙谐，松弛了上司拉长的面孔；面对拘谨的下属，他妙语连珠，缓和其紧张的心情；参加紧张的谈判，在激烈的商业洽谈中他来点幽默，交易顺利达成。这种到处都发挥着幽默感的人，大家会很喜欢。适当地开个小玩笑，给生活增添一道幽默和谐的色彩，你的人际关系将会更加融洽。

幽默可以把尴尬化为轻松、把被动化为主动、将不利因素扭转为有利因素。它能够使气氛更加融洽、和谐，能自然地消除陌生人之间的心理障碍，拉近双方的心灵距离。谁都愿意和有幽默感的人轻松相处，而不愿和一个整天板着面孔毫无趣味的人来往。这也证明了幽默是一种生活情趣，它能反映一个人的修养和情调。

毛泽东在人际交往中就常以幽默给人惊喜、活跃气氛、沟通思想。

毛泽东很重视三峡工程建设。1953 年 2 月 9 日，毛泽东视察长江时，向长江流域规划委员会的办公室主任、水利专家林一山询问了有关气象、水文和洪水成因等问题后说："你能否找一个人来做国家主席，我给你当助手，协助你修建三峡大坝，好吗？"毛泽东的这一幽默提问，使人感到他对三峡截流的重视与渴望，他心系三峡建设，做梦都想着有一天能实现"高峡出平湖"的愿望。他的话不仅是心愿的表白，而且还是一种号召、一种激励，这种激励性质的幽默让人意识到三峡建设的重要性和紧迫性。

幽默是良好的润滑剂，在全世界有着相同的润滑作用，国外也有许多关于幽默的典型例子。

一个将军与一个士兵碰杯的时候，士兵由于紧张，举杯时用力过猛，不小心把酒洒在了将军头上。士兵吓坏了，可老将军却用手擦了擦头顶的酒笑着说："小伙子，你以为酒能治好我的秃顶吗？我可没听说过这个药方啊！"说完后，大家全都情不自禁地笑了起来。

遇见如此尴尬的事只要幽默一把，就能使气氛立刻变得轻松起来，人们摆脱了凝固的空气，体会到的却是幽默豁达的深刻意味。

马克·吐温就是深懂幽默之人。

有一次，马克·吐温要去一个小城，临走前别人告诉他那里的蚊子特别厉害。到达目的地之后，马克·吐温正在旅馆登记房间，一只蚊子在马克·吐温眼前盘旋，这使职员尴尬万分。马克·吐温却满不在乎地说："你们这儿的蚊子比传说中的要聪明很多倍，它竟会预先看好我的房间号，以便夜晚光顾，饱餐一顿。"这句话把服务员给逗乐了。结果，这一夜马克·吐温睡得特别香。原来，当晚旅馆的所有职员都一起驱赶蚊子，以免这位受人欢迎的大作家遭受蚊虫叮咬。

幽默给马克·吐温带来了很多真诚的朋友，也使他得到了陌生人的关照。

对于男性来说，幽默既是增加自身魅力的重要手段，也是缩短与女性心理距离的好方法。有句话是这么说的："如果你能连续三次把一个女人逗笑，那么她对你的防范之心就会减少很多。"这句话的确很有道理，女人面露微笑时，无形中将自己内心的紧张情绪释放掉了，也就缓和了由于陌生而产生的心理压力。

男人要想与自己年龄差距大的女人融洽相处，就一定要有幽默感。男女之间如果不太熟悉，是不可以乱开玩笑的，但幽默没有性别界限。

对演讲者来说，若板着面孔显出一副居高临下的样子，就难以与听众进行感情沟通。反之，一开始便幽默一番，就能缩短与听众之间的距离。

新学期开始，某大学生物系举办迎新晚会。该系的系主任是著名的植物分类学教授，作为发言人他上台就说："生物学，过去大家认为就是采标本、捕蝴蝶，不理解的就把它当做高级休闲课程了。"两句话，惹得大家哈哈大笑，气氛一下子活跃起来了。

或许现在你已有所了解，当演讲气氛紧张或演讲者与听众尚未完全互动起来时，适当地幽默一番可以消除紧张感；在交际场所与不熟悉的人闲聊时，适当地幽默会让交谈变得轻松愉快。那么，该怎样培养幽默感呢？

幽默与每个人的性格特点及知识水平有关，要想让自己能够在需要时幽默起来，平时就要多观察生活中的细枝末节，多看笑话、喜剧片和相声小品，或多看有名的幽默故事并记住符合自己的一些经典语句。下面，让我们具体了解幽默的技巧。

豁达自信，以自嘲的方式看待问题是一门艺术。在日常生活中，谁都有失误的时候，陷入尴尬的处境，一般人往往喜欢遮遮掩掩或极力辩解。其实，与其越描越黑，还不如自我解嘲一番，这样反而会让心理更平衡。

之所以要解嘲，是因为我们认为自己的某些脸面丢失了。自我解嘲有为别人代劳的作用，既然自己已经自觉地把脸丢了，别人也就不会再刻意让你丢脸了。通过自我解嘲，人们忽视了你原来犯的错误，转移了注意力，从而部分地挽回你已经丢失的颜面。

据说，中华人民共和国成立前上海有位大学教授叫姚明晖，他身体瘦小但总是穿一件宽大的袍子。到了冬天，天气变冷，他头上再戴上个大帽子，从远处看去只露出一副眼镜、一个尖尖的鼻子、一撮翘翘的山羊胡须，样子十分滑稽。

一天上课，姚教授一如既往地穿着宽大的衣服走进教室。只见黑板上不知被哪个调皮的学生用漫画笔法赫然画了一只人面猫头鹰，而人面的模样就像这位饱经诗书的老教授的脸。姚教授站在黑板前看了一会儿，脸上毫无愠色。他拿起一支粉笔，神态自若地在漫画旁写上"此乃姚明晖教授之容也"，写完之后，大家都笑了，姚教授也笑了。那位画漫画的"作者"长长地舒了一口气，对教授产生了深深的敬意。

在与人交谈中，当你处于尴尬的境地时，借助自嘲能使你体面地脱身。 自嘲要求你具备豁达、乐观、超脱的心态和胸怀，同时，还要充满自信。 只有足够自信的人才能够拿自身的失误、不足甚至心理缺陷来"开涮"，不刻意遮掩自己的缺点和不足，反而将它放大、夸张，最后，巧妙地引申发挥、自圆其说，博得众人一笑。

适度地调侃可以活跃气氛。 真正有能力的人往往会充分利用自己的聪明才智，及时而巧妙地化解不愉快的局面，使那些原本不利的情况变得别有趣味。

不如意事常十之八九，若只是唉声叹气，生活就会变得黯然失色。 生活态度太严肃，难免活得沉重，如果换一种心态，调侃一下生活，整个人就会变得快乐而充满希望。 善于变换心态、调侃生活的人大智若愚，浑身散发着人格魅力，在现实生活中能够结交很多朋友，因此，他们成功的概率往往比别人大。

凡事适可而止，调侃也需要有度。 调侃自己可以肆无忌惮，但调侃别人时尤其需要讲究一个度。 也就是说，无论我们开什么玩笑，如果对方不能接受，那就是不合时宜的。 入乡随俗、因人而异是诙谐和调侃的重要原则。 我们调侃是为了活跃气氛，而不是为了与人闹僵。

先顺后逆，巧妙反驳，这也是幽默艺术的一种。 所谓先顺后逆是指先顺承对方的意思，对对方所说的话加以肯定，然后，急转直下，说出不一致或相反的观点。 从兵法上来讲，这种说法的特点是借敌力为我力，引诱对方走向荒谬，然后，趁其不注意突然逆转，集中力量杀回马枪，使对方晕头转向，无以应对。 这种做法中，获得成功不取决于力量的强弱，而在于对时机的把握，时机把握准了，即可达到"四两拨千斤"的效果。

隐含判断，亦可韵味无穷，它妙就妙在不是一览无余，而是给别人留出一定的思考空间，在这个空间里趣味无穷，机锋无限。 说话时由于要考虑到技巧和所选内容等因素，人们有时故意不直接表达要表述的观点，而是隐蔽地把自己的观点蕴涵在另一个似乎无关的观点中，让对方经过思考，自己理解你想表达的意思。

例如，有一对夫妻正在激烈地吵架，吵到后来丈夫觉得后悔，就把妻子带到窗前，让她看一副不常见的景象——两匹马正拖着一车干草往山上爬。

丈夫问："为什么我们不能像两匹马那样一起拉车?"妻子回答说："因为我们两个中有一个是驴子。"

出人意料，妙语成趣，亦是一种幽默表达的艺术。 人们在听别人讲话的时候，都有一种心理预测，你说上一句，他心里已经在想你下一句会说什么了。 如果你所讲的话"不出他人所料"，人们就会感到平淡无奇，索然无味；如果"出乎意料"，幽默感便应"话"而生。

通情达理，灵活变通

　　曾有一个患者的姐姐去医院护士长办公室，想请求护士长特许妹妹使用自备的微波炉，她说道："护士长，我妹妹病得好可怜，她想吃点热饭热菜，我心疼她，就带了微波炉，请您允许我使用！"

　　护士长很为难地说："我也很同情你妹妹，但病房是不允许使用电器的！这也是考虑到患者安全。你看，就是我的办公室也需要有用电许可证才能使用微波炉，这样吧，把你妹妹的饭菜拿到我办公室来热？"

　　患者家属说："我已经把微波炉带来了，请您准许我用吧！"

　　护士长说："不好意思，规定是不允许打破的！"

　　患者的姐姐说："那只能麻烦您，借用您的微波炉了！"

　　护士长说："没关系！应该的！"

　　在与家属交流的过程中，护士长既说服对方遵守规章制度，坚持了自己的原则，又满足了患者的实际需要。

大厦的某个住户来找管理处负责人，要求在自己家里装防盗网。作为管理处负责人，首先，在接待该住户时要有礼貌。其次，要认真、耐心地听完他的话。最后，虽然不能答应他的要求，但在回绝住户时，不要直截了当地说："不行，这是我们公司的规定。"以避免谈话僵化，要尽量以平静、温和的态度告诉他说："先生，实在很抱歉，对于这个问题，我们已认真地讨论过。有关部门已明确规定住户不能将防盗网装在外墙上。"

除此之外，管理处负责人应引导住户考虑到大厦外观，如果每家每户都安装防盗网，整个大厦的外观肯定不好看。另外，要让他相信，大厦治安是可以保障的。

这样，不但使他明白了管理处决定的道理，同时也给他做了一个保证，这样大多数人都不会执着于原来的想法。

跟人摆事实、讲道理时，要善于用商量的语气来引发听者的思考，使别人感到你不是强迫他接受你的意见，而是在共同寻求解决方案。

无休止的唠叨会妨碍说服的效果。它会使别人感到厌烦，甚至听不进去，这样说服的效果也无法达到，所以应适可而止。

富兰克林是美国的一位伟大的政治家，他有一段经验之谈:"我暗自立下一条规矩,我在说服他人时,绝不直接反驳别人,也不准太武断,我甚至不允许自己在文字和语言上措辞太肯定。我将'当然''一定''无疑'改用'我想''假设说''可以这样'或者'目前我认为如果……'。当别人陈述我不赞同的观点时,我不会打断他,也不会立即驳斥他,或立即指正他的错误。我在回答的时候,先表达他的意见在某些条件下没有错,然后说出现的情况有些不一样,等等。这样,谈话的气氛就会很融洽。谨慎谦逊地说出自己的意见,不但容易被接受,更会减少一些冲突。这样,即使我有错也不会有难堪的场面,也容易让人接受我提出的正确看法。"

富兰克林有一副好口才,他在说服技能方面非常有经验。

以他的方法为主体的"富兰克林说服法",被推销人员广泛地运用到推销中去。那么,"富兰克林说服法"是如何应用的呢?

一位新婚女子回家向父母诉说丈夫的缺点。父亲边听边微笑,等姑娘说完后,他拿出纸笔说:"你在纸上画点来代表他的缺点。"

女儿点了很多点,说这些都是丈夫的缺点。父亲问:"除了你画在纸上的点之外,你还看到了什么?"女儿说:"没有什么东西了。"

父亲说:"你放宽视野再观察一下。"这时候女儿明白了,上面除了点之外,更多的是空白。

父亲说："那些空白的地方正代表着你丈夫的优点，比比看，点与空白相比哪个多些?"受到父亲的启发，女儿不再只看到丈夫的缺点。

以上对话中，这位父亲就是用"富兰克林说服法"劝慰并说服了女儿。

很多时候，当某个人做错事时，如果我们一开始就直接否定对方观点，对方就会产生一种自尊心受到伤害的感觉，从而进行自我辩护或固执己见，不接受别人的劝说。在说服他人时，如果以平和的态度来说明道理，用共同探讨的方式去沟通，人们就更容易接受。

在说服人时，除了要以理服人外，还要做到"人性"化。任何时候，都要用一颗善良的心，对待所要说服的人，必要之时还要懂得变通，换个立场考虑问题。

转移话题达目的

在与他人交谈时，往往会遇到说不下去的情形。此时如果硬往下说，必然会适得其反，走入死胡同；但如果能转移一下话题，引起他的兴趣，并让沟通气氛变得浓烈，就会使交谈进入"柳暗花明又一村"的新境地。

有时，转移话题的目的是为了更好地切入正题，尤其是在双方的意见、条件相距较大，且又都不愿意做出妥协和让步时，转移话题能避免出现僵局。在僵持状态下，如果能巧妙地转换话题，把争议的问题放在一边，可以改变和缓和谈话的气氛，使对方在新的融洽的谈话氛围里重新讨论有争议的话题，这是一种以积极的态度扭转僵局的方法。

在日常生活中，当人类的思维形态处于非常紧迫的状态时，如果无意中被提示一些其他方向的话题，就会不知不觉把注意力转移到另一方向去，从而达到扭转局面的最佳效果。当对方语气尖锐地逼问时，或是当对方热情地追问某一件事时，运用转换话题的办法，可以在转瞬间转移对方的注意力。比如小孩子吵着要玩具，大人不知道该怎么办时，可以突然指着天空说："快看飞碟。"这样就可以转移孩子的注意力。再比如在谈判或会议中，若想使自己的主张或意见得以通过，采用转移话题的方法便有可能使人附和自己的话，而且对方也会毫无抵抗情绪地接受。

　　某位老师悉心研究中国古典文学，出版了一部近20万字的书。这个学校的文学社小代表到这位老师家进行采访，请这位老师介绍一下写书经验。这位老师面露难色，认为只是一个专题学习，根本谈不上什么经验，觉得没什么好说的。小代表似乎看出了什么，他抬头看着墙上的隶书说："老师，这隶书是您写的吧？"

　　老师："是的，没事就想写写！"

　　小代表："那么，您能否谈谈隶书的特点呢？"

　　这恰是这位老师感兴趣和愿意谈的话题，师生之间的气氛逐渐变得融洽起来。

　　这时，小代表不失时机地说："老师，您对隶书很有研究，我们以后还要请您多加指导。不过，我们现在非常想听听您是怎样写成这部书的。"此刻，这位老师深感盛情难却，也就只好介绍一下了。

从这个故事中可以看出，当某个话题不能引起对方的兴趣时，要有针对、有选择地抛出新的、合适的话题，以激起对方的谈话兴趣。比如，同运动员谈心理与竞技的关系，与外交人员谈公共关系学，这样两人一定能一拍即合，谈兴大发。转移话题则可以让你更好地达到目的，既可以活跃气氛又可以达到目的，何乐而不为呢？

　　转移话题的时候，还要注意一定要在适当的时机将话锋引入正题。因为转换话题只是给谈正题打下基础，而非交谈的真正目的。所以，当所转换的话题谈兴正浓，双方感情沟通达到一定程度时，谈话者要适可而止，将话锋转入正题。在人际交往中，有时为了更好地脱离困境，也可以运用话题转换的技巧。

　　小仲马是一个极富幽默感的作家。一次，一个难缠的家伙想知道小仲马最近在做些什么，小仲马回答道："难道你没有看见？我在蓄络腮胡子！"

对方问话的原意是想知道小仲马最近在做什么，并不是想打听小仲马是不是蓄络腮胡子，但是小仲马巧妙转移话意，一句看似随便的回答，却轻松地摆脱了对方的纠缠。

　　世界知名富翁约翰·洛克菲勒在平时的开支方面很节俭。一天，他到纽约一家旅馆住宿，要求住一间最便宜的房间。旅馆经理巧言相劝道："先生，您为何要住便宜的小房间呢？您儿子在住宿时，可总是挑最豪华的房间呀！"

　　洛克菲勒答道："不错。我儿子有个百万富翁的父亲，可我没有呀！"

经理的问话略有微词，好像洛克菲勒是小气、吝啬的人。但洛克菲勒从容镇定，将自己是否有钱的问题巧妙地变换成父亲是否有钱的问题来回复，不仅道出了创业者的真实品质，也没留下刻意省钱的痕迹，从而顺利地摆脱了困境。

　　运用巧转话锋的技巧可以使你从窘态中得以自我解脱，即使遇到一些难题让你无法作答时，你也可以巧转话题，分散和瓦解对方的注意力和攻击力。

　　有一个旅行社的导游带团到某一历史名城参观。游客问："请问有什么大人物出生在这个城市吗？"导游一下子茫然了，因为他根本不知道。不过他突然灵机一动，非常机智地耍了个小花招，说："先生，这个城市里出生的都是婴儿。"旅游团的成员哈哈大笑。

身为一个导游，陪同参观团游览古城，却连古城历史上有哪些名人都不知道，这原本是一件很难堪的事情，但这位导游却使用了一个语言上的小技巧，表现出他巧转话锋的智慧。

其实，在很多场合下，都需要谈话者掌握转换话题的技巧，尤其是在商业性的谈判中，应主动转换话题，以把握谈话的方向。例如，在以下几种情况下需转换话题：对谈话内容不感兴趣，觉得枯燥乏味；不同意对方意见，又不愿与之争论；谈话中一个话题谈完，出现冷场；失言或者是其他的尴尬处境等。

戴维正在和商店店主汉森谈订单的事。

汉森："别烦我！我再也不想买你们的产品了。"

戴维："为什么？"

汉森："对不起，我们换个时间再谈，好吗？"

因这时难以再作解释，戴维认为还是先离开为好。

几天之后，戴维又转回来了。

"汉森先生，今天我不是来推销什么东西的，而是来请问您能否抽出点时间和我谈一谈。"

汉森犹豫片刻，说："嗯……好吧，什么事，快点说。"

戴维说："我们单位想在皇后新街开一家公司。您对那个地方的了解程度和住在那里的居民一样，因此我来向您请教一下您对这个问题的看法及想法。"

汉森说："请坐，请坐。"这位店主有了被高度重视的感觉，对戴维以礼相待了。

戴维向汉森先生详细介绍了皇后新区置业的特点以

及优势，同时又向汉森提出购买产业、经营的全盘计划，最后居然还把他们夫妇不和的情形也向汉森先生进行了一番倾诉。终于，当戴维离开时，不仅与这位店主建立了友谊，并且还得到了一笔订单。

像汉森这样的顾客，心里总会这么认为：这些推销员就是想让我买东西。所以，推销员在推销的时候应当讲究一定的策略，当此路行不通的时候，那么这时就需要转移一下话题，然后再适时切入正题。

下面这个例子也是很值得借鉴的：

一个大学毕业生去见一位企业家，试图向这位总经理推荐自己到该企业工作。可是，这位总经理见多识广，性格比较固执，根本就没把这个乳臭未干的小伙子放在眼里。没搭上几句话，总经理便以不容商量的口吻说："不行。"这个机智的小伙子眉头一皱，计上心来，想来个见风使舵、转移话题的办法来应对总经理的反对。他若无其事地轻轻问道："总经理的意思就是贵公司人才济济，已经完全足以使公司达到成功，散人纵有天大的本事，也肯定不会被贵公司加以录用，不如拒之千里之外，是吗？"他说到这里故意停顿了一下，只是微笑着并用目光直视总经理。在一两分钟时间内他们都沉默了，这时总经理终于大开金口了："你可以将你的简历、看法观点以及计划告诉我吗？"

小伙子又将一军:"真是太抱歉了,刚才我真是太冒昧了,请您多加包涵。但像我这样的人还值得一提吗?"说完,小伙子便将自己的学历、经历、对企业经营发展规划的看法等系统性地告诉了总经理。总经理听完他的话后,态度就转变了,逐渐地由严肃转变为慈祥。临走时,总经理跟他说:"小伙子,我决定录用你,明天来上班,请你保持过去的热情和毅力好好干吧!"这位小伙子在"此路不通"时,能够灵活地随机应变,转移话题,从而使自己转败为胜,达到最终的目的。

语言是人类表达思想感情、进行交流沟通的重要工具。 一位颇具语言表达能力的人,多数会是事业上的成功者。 所以,在与人交谈或谈判时,要学会运用转换话题的方法。 这样,在遇到尴尬或困境时,不仅能化解尴尬,还可使谈话继续下去,使交流出现"柳暗花明又一村"的境界!

说话方式要得体

尺有所短,寸有所长。 每个人说话的方式方法也各有千秋,究竟什么样的说话方式最容易让人接受其实并没有一个固定标准。 只要能让对方接受,你便成功了,否则,就是失败。

那么，究竟什么样的说话方式才算得体呢？ 以下几点可供参考：

1. 表达清晰

与人交谈过程中，措辞精练、思路清晰的说话方式，总能给人留下深刻的印象，这是抓住人心的第一步。 那些说话颠三倒四、模糊不清的人，一定要加以改正，尽量让别人轻松地理解你所要表达的意思。

一个说话东一榔头、西一棒子的人，别人很难了解他的想法。 这对社交没有任何好处，对扩大人际交往也是有害而无一益的。

2. 提出独到的见解

与人交谈中，千万不能随声附和，人云亦云。 要从大处着眼，提出独到的见解，并用朴实的话语论证所提出见解的正确性。 这并不是在卖弄，而是展现自己的最佳时机。 当然，所提见解一定要符合实际情况。

3. 从小事说起

交谈的一大禁忌就是脱离实际。 先从小事谈起，并将理论与实践有机地结合起来，说经验，谈做法，既不空言理论，也不夸大事实。 只有这样，才能抓住对方的心。

4. 讲实在话

与人交谈时，态度也十分重要。 实实在在、恭恭敬敬，是人们所大大提倡的。 说话时，不必高谈阔论、婉转动听，只要言简意赅、精辟独到就可以了。 通常情况下，问题的关键就在那几句简单朴实的话语中。

5. 符合听话者的口味

有些人喜欢听委婉的话，在了解对方的喜好后，应对其说话含蓄一些；有些人喜欢听直截了当的话，应该对其说些激进之词；有些人喜欢听有学问的话，应该对其说些与学识有关的话题；有些人喜欢拉家常，应该对其说些通俗易懂的话；有些人喜欢坦诚的话，应该对其说些朴实的话。 总之，无论选择哪种说话方式，最重要的一点就是一定要迎合听话者的口味，这样才能事半功倍。

6. 态度平和

与人交谈过程中，话题的选择固然重要，但是，别人的评价也很关键，这将影响一个人的形象与人际关系。 得到他人的好评、获取他人的认可是扩大人际交往的有效手段，但这些都需要有一个良好的说话态度。

交谈过程中，经常会发生这样的情况：当某人心平气和地与人交谈时，谈话气氛往往会很融洽。 即使他说话时心不在焉，却依然能够清晰地说出自己想要表达的意思，从而给对方留下一个深刻的好印象。 究其原因，是因为平和的心态能提高说话的质量，使听话者有一种被尊重的感觉，这不仅能赢得对方的好感，还能让对方心里舒服。

7. 与人说话时要保持一种好心情

在与别人说话的时候，心情也是一个重要因素。 与人交谈时，心情愉快，言语中自然会流露出开心与轻松，同时，听话者的心情也会被感染，产生继续交谈的欲望。 反之，那些自命不凡、说话假模假样、装腔作势的人，将会失去很多朋友。

恰当的说话方式，能够给个人形象增添色彩，能使人们的观点更加合情合理。 在正确的说话方式引领下，通过语言表达来获得他人的认同与赞赏，是一件令人非常开心的事情。

寻找安全话题

关于话题，有人可能认为，只有那些令人兴奋刺激的话题才值得一谈。 所以便苦苦地搜寻，想找一些奇闻、令人惊心动魄的事情，或是令人难以忘却的经历，以及最不寻常的事情。其实，这种认识是大错特错的，往往那些看似平淡如常的话题更会让人产生亲切感。

一位年轻漂亮的姑娘走进一家珠宝店，在柜台前端详了许久。售货员礼貌地问了一句："姑娘，请问您需要什么？"

姑娘不冷不热地回答说："随便看看。"从她的言语中，售货员敏锐地察觉到这是位性格独特的女孩。此时，售货员如果不能找到令顾客满意的话题，那么，这笔生意很可能泡汤，钱财就从自己手边溜走了。

这时，售货员开始不断打量这位年轻漂亮的姑娘，他从姑娘的穿着打扮上判断，这位顾客是一个非常讲究的人。于是，售货员赞美道："您的这件上衣好漂亮呀！一定花了很多钱吧？"姑娘的视线从陈列品上移开了，说："当然了，这种上衣的款式比较特别，我非常喜欢它。"售货员又接着说："这么有品位的衣服，肯定不是在国内买的吧！"姑娘骄傲地说："当然不是，它是我朋友从国外给我带回来的。""姑娘您本来就天生丽质，再穿上这件衣服，更显得光彩照人了。"售货员面带微笑地说。

"您过奖了。"姑娘有些不好意思地说。

售货员见此情景，又补充道："不过，这似乎还有些美中不足，如果您能再搭上一条项链，那就锦上添花了，它能将您衬托得更加完美。"

姑娘客气地说："是呀，我也是这么想的，只是项链也是一种价格不菲的商品，我有些担心自己选得不合适……"

售货员又说："姑娘如果信得过我，就让我做姑娘的参谋吧……"

最后，这笔买卖顺利地做成了，姑娘满意地买走了适合自己的项链，而售货员也得到了一笔收入。

有人认为，这种交谈方式是做买卖的一种手段。其实，寻找安全话题的谈话方式，完全可以运用到各种交际场合中。

与人交谈时，有人感到非常拘束，羞于启齿；有人觉得找不到共同话题，没有共同语言，无法交谈；有人备感尴尬窘迫，欲言又止，或语无伦次；有人说话生硬，让人误解……产生这些现象的根本原因在于没有找到安全性话题。那么，究竟什么样的话题才算得上是安全性话题呢？其实很简单，只要能让听者感到舒服，不会使他产生厌烦感的话题，就可归属于安全性话题，也就是把话说到点子上了。换言之，就是要求人们说别人感兴趣的话，说对方爱听的话。

那么，如何才能找到安全性话题呢？以下几点可供参考：

1. 讲话要因人而异

有些话题，一般人听起来会觉得很有趣，而且在谈话中非常受人欢迎，无论是听的人还是讲的人都能有种满足感。但这类话题毕竟不多，有些诸如像是家喻户晓的新闻，根本不用等你来讲，别人就早已听过了。

你在某一个场合，讲了一个故事，很受大家的欢迎，而这个故事在另外一些人的面前，并不见得合适。所以，如果非认为只有那些不平凡的事情才值得交谈，那也就会常常觉得是无话可谈了。

2. 要寻找大家熟知的话题

寻找谈话的内容也是一个非常关键的环节。

有些人喜欢与别人谈一些与哲学相关的话题，但由于大多数人对这样的话题不感兴趣，所以若以这样一个话题开场，即便准备得再充分，也有可能会变得无话可谈。

如果在日常生活中多加留意，那么很多题材都可以成为良好的谈话素材。比如谈足球、篮球和羽毛球，或是谈生命、爱情、同情心、责任感、真理、荣誉。也可以谈一些饮食、天气之类的；还可以谈谈某个人物的见解，顺利陈述一下自己的观点看法等。当然，这是一个灵活的话题，也可以做一下调整。

如果双方是初次见面的陌生人，不妨先从天气、籍贯、兴趣和衣着等方面入手。这些也属于安全性话题，而且不会触及个人隐私，以便继续交谈下去。例如："你是哪里人？""山东。"这样，便可以列举山东一些秀美的景观、发达的城市等。如此一来，双方的话匣子就算是打开了，谈话氛围也会逐渐好起来。或者，你还可以说："今天天气真好，如果能外出郊游，那可真是不错。你喜欢什么样的户外运动？"对方可能会说："我喜欢爬山……"然后，就可以循着对方的话题继续交谈下去。顺势类推，绝对能找出源源不断的话题，甚至会觉得意犹未尽。

3. 试着探求对方的兴趣爱好

人际交往中，若想与众人攀谈，只要主动、热情地同他们说话、聊天，在话语中逐渐摸索、尝试，总会找到合适的话题。

与人交往过程中，要想找到对方的兴趣和嗜好，不断拓宽谈话范围，那么说出来的第一句话，就必须要使对方能够充分明白。比如：看到了一个雕刻，可以指着这件雕刻说，真像××的作品。 抑或是听见鸟鸣，就说很有门德尔松音乐的风味。 说出这些话的时候，要确定对方在这方面不是一个外行才行，否则，不仅不能讨好取悦对方，还有可能会让人感到厌烦。

如果不知道对方的职业，就不可胡乱说话，因为失业的人太多了，自尊心很强同时又下岗的人非常讨厌别人问及他的职业，所以像这样的话题，要尽量回避。

若想知道一个人的职业，可以说："阁下常常去游泳吗？"他说："不。"那你就可以问他："整天都是很忙吗？每天去哪儿消遣比较多呢？"

这种问法，也是试探他人职业的一种方法，这样，就可以试探出对方是否有稳定的工作。 如果对方的回答是周末或每天五点后去消遣，那么不用怀疑，此人肯定是有固定职业的人，反之，就不必再细问了。

一旦确定了这个人有工作，再去问及职业，如此一来，就可以和对方谈工作范围以内的事情了。

让别人先说，自己后说

上帝造人的时候，只给人一张嘴，却给人两只耳朵，这是为什么呢？ 这是要人们少说多听，唯有如此，才能从谈话中挖掘出更多的信息，才能对加深相互了解、深度交谈有所裨益。

英国一家大型汽车公司准备采购一批汽车坐垫。为了争取到这个大客户，三家汽车坐垫生产公司都准备好了样品，等待汽车公司高级职员的检查。为了买到最好的汽车坐垫，汽车公司的高级职员准备让这三家坐垫生产厂家进行最后的角逐。于是，汽车公司给三个坐垫生产商同时发了一个通知，让各厂代表准备最后一次较量。

　　汤姆是其中一家坐垫生产公司的代表，当他代表公司与汽车公司高级职员交谈时，正患着咽喉炎。当汽车公司高级职员让他描述自家产品的优越性时，他在纸上写下了这样一段话："尊敬的先生们，我嗓子哑得几乎不能发出声音。因此，我把说话权交给在座的各位。请原谅我的不礼貌。"

　　汽车公司总经理看到这段话后，说："我来替你说吧。"他陈列出汤姆带来的坐垫样品，非常仔细地讲述了它的优点，在座的每位领导都发出了称赞的声音。汽车公司的总经理自始至终都在为汤姆说好话，而汤姆则只是象征性地点点头或微微一笑。不料，这样的洽谈居然赢得了汽车公司的青睐，汤姆与汽车公司签订了价值180万的订购合同单。

　　后来，汤姆回忆说："当时如果我像其他厂家的代表一样，对自家产品夸夸其谈，说不定我会失去这次合作机会。我之所以能在三个代表中脱颖而出，是因为我把话语权交给了汽车公司的总经理，而我自己却成了一个听众。这次经历让我发现把话语权交给别人，有时是多么重要啊!"

一个商店的售货员,如果不管三七二十一,总是自顾自地拼命称赞自家产品,不给顾客说话的机会,很可能失去一位准客户。原因是不给顾客说话机会,就不会了解顾客的需求,即使把自家产品夸得天花乱坠,却不符合顾客的需求,到头来也是徒劳。所以,让自己充当一名听众,其实并没有什么不好的,倾听有时也是一种收获。

把话语权交给别人,有时比自己唠叨更有价值。其实,每个人都不喜欢被别人忽视,而且都想让自己成为交谈中的主角,一旦别人能满足自己的这个想法,就会由衷地愿意与这样的人接触交谈。反之,如果别人一味地把自己当成听众,自己肯定会产生逆反心理,认为对方不够重视自己。

威森是一位对工作兢兢业业的青年,他的工作是向一家专门替服装设计师和纺织品制造商设计花样的画室推销草图。连续三年,威森每个星期都去拜访纽约一位著名的服装设计师。"他从不拒绝接待我,"威森先生说,"不过他也从来不买我的草图。他总是很仔细地看我的草图,然后说:'不行,威森,我想我们今天谈不成了。'"在经历了一百五十次的失败之后,威森终于明白自己过于循规蹈矩了,于是他决定,每个星期都抽出一个晚上去研究与人交谈的哲学,来拓展新观念,创造新的工作热情。

不久,他就急于尝试这一新方法。他随手抓起六张还没完成的草图，冲入买主的办公室。"如果你愿意的话，希望你帮我一个小忙，"他说，"这些都是尚未完成的草图。你能不能让我明白，我们应该如何把它们做完才能对你有所帮助？"

这位买主默默地看了看那些草图，然后说："把这些图留在这里，几天后再来见我。"

三天以后，威森又去了，把草图拿回画室，依据买主的意思把它们修改完成。结果那位买主全部接受了。从那以后，买主又向他订购了许多图案，不仅如此，双方还成了好朋友，买主还把威森介绍给了他的其他朋友。

其实，图案都是根据买主的想法画成的，威森却净赚了1600多美元的佣金。"我现在明白，为什么这么多年来一直无法和这位买主做成生意，"威森说，"我以前只是说服他买下我认为他应该买的东西，但现在我尽量把话语权交给对方，让对方说出自己的观点看法。让对方觉得这些图案是他自己创造的，而事实也是这样。如今我用不着去向他推销了。"

那么，究竟该怎么做才能把话语权交给别人呢？

1. 控制自己的说话量

也就是说，不要只顾自己说个没完。生活中许多人都有这样的坏习惯，只要话匣子一打开，就没完没了地控制不住。其实，这并不是聪明的做法，而是费力不讨好者所为。

一方面，说的话越多，给别人传递的信息就越多，别人在你身上学到的东西也就越多。 另一方面，你耗费了大量的精力给别人传递信息，别人不但不会感激你，反而会认为你是一个爱炫耀自己的人，你所说的每一句话不见得都是别人爱听的，也许一句话说得不好就可能会得罪人，由此别人也会对你敬而远之。 由此来看，那些口若悬河的人确实该开始改变了，否则吃亏会更多。

尤其是从事推销这一行业的人，就更应该留意这点。 推销员的目的是为了推销产品，使对方能心甘情愿地接受自己的观点，购买自己的产品，所以，在说话这一问题上必须得多多留意，应该做到让对方尽情地表达自己的观点和看法。 这样才能在对方的话语中揣测到对方的性格、心理和购买欲望。

人际交往过程中，如果自顾自地说个没完，不管对方的来意、兴趣爱好，这样是很容易被误解的，也是对自己不负责的表现。 当然，对于对方的提问也不能坐视不理，因为这样是不礼貌的，容易伤害到对方的自尊心。 所以，对于别人的提问要耐心地听下去，抱着一种开阔的胸怀，听别人把话讲完。 真诚地鼓励对方把想要说的话说出来，把想法表达清楚。

当然，也不能让自己成为纯粹的听众，偶尔也要跟着说几句，这一点非常重要。 比如对方说："我很喜欢月季花。"这时你可以附和对方一句："我也很喜欢，尤其是红色的。"这样一来，对方就会顺着你的话题继续说下去了，从而为彼此间的谈话制造了愉快的气氛，谈话也就可以顺利地进行下去。 可是，如果你说出一句大煞风景的话，不但话题不能继续，还有可能会破坏刚刚建立起来的感情，成为顺利交际的障碍。

与人交谈也有一定的规则可循，虽然它不像交通规则那样刻板，但是也得遵守着红灯停、绿灯行的原则，否则在人际交往中很容易误入雷区。 在社交过程中，与人交流并不能像与家人谈话那样随便，想说什么就说什么，想怎么说就怎么说。 它需要讲究一定的方式方法，不能纯粹地把自己当成主角，还要适时地充当配角，充当一个听众。 在恰当的时间里，扩展谈话的内容，以便继续交谈下去。 而且还要不时地与交谈对象互换位置，这样才能使交谈平等地进行下去。

交流是双向的。 在听完对方的谈话后，自己要发表一下意见或看法。 如果只是默默地听取而不做任何反应，交谈很可能就会陷入一片死寂的气氛中，这对交谈顺利地进行非常不利。 再者，当别人发表完意见后，无形中就等于把话语权转交到你的手里，此时，完全可以没有顾虑地发表自己的看法，充分展示自己。

2. 要养成倾听的好习惯

前面已经提到，上帝创造人的时候，只给人一张嘴，却给了人两只耳朵，目的就是为了告诉人们要养成多听的好习惯。曾经有位科学家做了一项调查研究，研究对象是一批受过专业培训的保险推销员。 科学家把业绩最好的 10% 和业绩最差的 10% 作了比较，结果发现存在很大的差异。 受过同等训练的人，为什么会产生如此大的差别呢？ 原因就是他们每次推销产品时，在讲话的时间长短上有差异。 业绩差的那些人，每次推销时说话时间累计为 30 分钟；而业绩最好的那一部分人，每次推销时说话时间累计只有 12 分钟。

人们也许要问，为什么只说 12 分钟的推销员反倒会取得更加理想的业绩呢？

其实，道理显而易见，因为他们说得少，听得自然也就多了。倾听的过程中，他们能获得较多的有用信息，而且，他们可以在倾听的同时，思索、分析顾客各方面的信息。然后，针对顾客的具体情况、疑惑和内心想法，从中找出解决问题的方法，所以业绩自然优秀。

善于倾听不仅对人际交往大有裨益，对企业而言，也能起到举足轻重的作用。

松下幸之助就是一个很好的倾听者，这也是松下电器能够不断发展壮大的原因之一。他说，倘若你对员工所提出的意见、建议不加理睬，那在此以后，他们便不愿再提了，这样容易使下属养成懒惰的恶习。因为他们认为提了也无济于事，你也不会听，干脆光听你的就行了。在这种情况下，下属的积极性还能高吗？还会开动脑筋吗？智慧还能被激发出来吗？显然不行。如此下去，公司就会变得死气沉沉，经济效益也不会好。

把话语权交给别人，还能提升自己的人气，使自己有个好人缘。

很多人都喜欢讲，却不喜欢听，但要想处理好人际关系，就必须意识到多听比多讲的效果要好得多。让自己尽可能地充当一个好听众的角色，这在人际交往中是很有益处的。

一次，我到一个著名植物学家的家里做客，植物学家滔滔不绝地给我讲述植物学的专业知识。此时，我并没有像其他人那样对植物学家的话爱理不理，因为我对植物学非常感兴趣，听得津津有味，看得目不转睛，像个喜欢听故事的孩子一样，还不时向植物学家提出问题。

我们像遇到知己一般，越谈越开心，直到半夜，植物学家仍然意犹未尽，他对我说："你是我所遇到的最好的谈话专家。"

把话语权交给别人，就是告诉人们，要强迫自己去喜欢别人的话题，以足够的耐心去倾听对方的意见，就像去电影院看一场自己并不喜欢的电影，要耐着性子把它看完。如果自己觉得电影不好看就一走了之，那么买电影票的钱也就白花了。在与人相处的过程中，这个道理同样适用，如果不喜欢对方提出的话题，一走了之，这种行为很容易伤害到对方的自尊心，影响双方的感情。所以，在人际交往这个大舞台上，千万别总把自己当成主角，要适时地把话语权交到对方手上。否则，很难得到别人的认同，也很难获得他人的尊敬。

社交场合是一个纷繁复杂的地方，每个人的个性、爱好都不尽相同，如果一味地要求别人去适应你，只听你一个人讲话，那么可以肯定的是，你在社交过程中，不会交到知心好友，更不会办成事。因此，与人交往最重要的一点，就是要把话语权交给别人，这不但对处理人际关系有好处，还可以让你结交好友把事办成。

公共场合更要讲礼仪

众所周知，在不同的交际场合有不同的交际礼仪。 我们在公共场合应注意的礼仪守则有以下几点：

一是走路。 走路的时候如果道路比较窄，就应该"眼观四路，耳听八方"，以及时避让各种车辆。 更要自觉地避免在马路中间行走，避免给其他想超越的行人和车辆造成不便。 几个人一起走路的时候，不要为了"保持团结"而并成一排行走，这样在你们后面的人就无法超越，只能跟着慢慢走。 人多的地方，不要横冲直撞。 如果不小心碰了别人或踩到别人的脚，就应该表示歉意。 相应地，在被别人不小心碰到或踩到时也应谅解别人。

在路上行走时要守文明，女士要让自己的仪态端庄大方，不左顾右盼，摇首摆尾。 男士彬彬有礼，注意绅士风度，不大摇大摆。

走路时，要让受你敬重的人走在路内侧，这样更加表示尊重之情。

女士穿高跟鞋走路不太方便，走在不太平坦的路段或阶梯时，男士可以伸手搀扶，这时女士应欣然接受并致谢。

二是要养成把瓜果皮、纸屑、烟蒂以及其他垃圾扔进垃圾箱的好习惯，有痰、涕的时候，应该先用纸包起来，然后把纸投入垃圾箱。

三是在路上碰到熟人应礼貌地主动打招呼。 倘若需要简短交谈，要站在不碍事的路边。 如果两个人相隔较远，又要打招呼，就可以挥手示意，或紧走几步到他附近再喊，尽量避免隔着很远就大声叫喊。

四是想使用干净整洁的洗手间，那就必须从我做起。 不管是公共洗手间还是私人洗手间，用完后都要记得放水冲洗干净再走，切忌弄脏乱。 洗完手后最好用纸巾或擦手纸把手和弄湿的洗手池台面都擦干净。 有的洗手间还专门提供了烘干机、毛巾或纸巾等，洗手后千万要注意将手擦干净再走，不要一边走路一边甩动湿淋淋的手，弄得到处都是水，甚至还甩到其他人身上。 或是随意地在自己身上一抹，这样做都不符合文明礼貌的要求。

有时候，在洗手间碰到认识的人还热情地说些客套话；有的在用餐时间甚至还不忘寒暄一句："您吃了吗？" 又都常常会使对方很尴尬，不知说什么好。 在这种"特殊地点"，还是平淡一点好，不要说太多寒暄客套的话。

如果想了解一个人的礼仪水平，那么可以看看这个人在乘坐交通工具时的言行。 很多人在单位的时候是"人模人样"，可一旦乘坐公共汽车等交通工具时，就会现出原形。

青年人年轻力壮，就应该主动给老人、儿童、孕妇以及体弱病患让座，不要看到需要让座的人，就赶紧闭上眼睛假装"已然入仙境"；或者立即把目光转向窗外，让自己的翩翩风度随之飘去。 还有些人知道不应该把瓜果皮壳等扔在车内，却顺手扔出窗外，这同样也是不文明的表现。 每辆车上其实都有垃圾箱，为了车厢的整洁应将垃圾投入垃圾箱中。

除此之外，在包括公交车在内的公共场所吸烟也是不文明的行为。

下雨天乘坐公交车，应准备好伞袋，上车后把伞装入伞袋中。

乘坐交通工具出行时，保持安静是文明礼貌的表现，并要养成在公共场所排队的习惯。

我们作为社会的一分子，免不了要参与各种社会活动，或者出现在各种公共场所里，而公共场合的礼仪，最能够体现一个人的素质。保持好的礼仪素质，会让你赢得赞许，结交更多的朋友。

说话须有礼节

一般来说，说话的礼节基本上包括以下几个方面：

1. 向人询问时的礼貌用语

在与人交际过程中，向人询问在所难免。看似平常的一句问话，往往可以反映出一个人的修养和文明程度。向人问询时，首先，要选择恰当的称呼语，如"小姐""先生""师傅"等。不加称呼语，直接用"喂"来称呼很无礼，至于使用一些不礼貌的称呼语，如"老头""戴帽子的"等就更加不礼貌了。 其次，要使用请求语，如"请""请问""麻烦您"
"劳驾"等。 对于对方的回复要表示诚挚的感谢。

2. 回答他人询问时的礼貌用语

在人际交往中，他人来电话或是以其他方式询问时，应该热
情地回答。 比如，在路上遇到有人问询时，应停下脚步，仔细听
取别人的询问后再进行回答；在办公室有人提出问题时，应暂时
放下手中的事情热情接待。 在回答时应细心、细致、周到、准
确。 如果是问到公务上的事，应尽量做到详尽准确，绝不能不清
不楚。 如果被问到不清楚的情况，应向对方表示歉意，或者找其
他人帮助解答，不能胡乱作答或是置之不理。

3. 得到关心、帮助时的致谢用语

如果得到了他人的帮助，无论大小，都应该真诚地表示感
谢。 这是你对别人提供的帮助表示肯定和敬重，是一种礼貌的
行为。 表示感谢的方式可以各式各样，有口头致谢、书面致
谢、去电致谢或由他人转达谢意等。 口头致谢是使用最多的一
种感谢方式，因为口头致谢可以不分时间、不分地点，在各种
场合都可以使用，所以也是最直接、最有效的方式。 当别人帮
了你大忙时表达谢意的语气要加重些，只有"谢谢"两字远远
不够，必须多表示一些，如"真得好好谢谢你，你帮我解决了
一个难题""要不是你帮忙我真不知道如何是好"。

4. 致歉用语

在交际过程中打扰了别人，或是给别人带来了某种不便，

应及时向对方表示歉意。 表示歉意的话语通常有"对不起""请你原谅""很抱歉""打扰了""真是不好意思"等。 向人表示歉意时，不能半遮半掩、扭扭捏捏，应真心实意地致歉，同时还要注意方式。 如因一些小事影响别人或引起别人不快，应马上道歉；损坏别人的东西要主动提出赔偿。 除了口头致歉，还需要有改正过失的行动，改正行为才是最实际、最有效的道歉。

表达歉意能够缓和人际关系中的紧张气氛，使大事化小，小事化了，甚至化干戈为玉帛。

5. 申请加入谈话的用语

在别人谈话时，不应该旁听，假如有事需与某人说话，应等别人说完，你再开口表达自己的意思。 谈话中遇有急事需要办或要离开，应向谈话对方提前声明表示歉意。 谈话人数超过三人时，不要只与一两个人说话而不理会在场的其他人，应不时地与在场的其他人攀谈几句，不然会使其他人感到受冷落。

6. 给别人发言的机会

在谈话过程中，要给别人发表意见的机会，别人说话，也应适时发表个人见解。 要善于聆听对方谈话，最好不要打断别人的话语。

7. 注意话题

在人际交往中，最好避开有关疾病、生死的话题，不谈荒诞离奇、耸人听闻的事情。 尽量不要询问女士的年龄、婚姻状况，正所谓"见了男士不谈钱，见了女士不谈龄"。 对方不愿回答的问题不要刨根问底，不然会使双方都很尴尬。

8. 注视对方

一般在说话时应与人保持一米的距离，注视对方，这也是一种不可忽视的礼节。